Otto Philipp Donner-von Richter, Wolfgang Helbig

Die erhaltenen antiken Wandmalereien in technischer Beziehung

untersucht und beurteilt

Otto Philipp Donner-von Richter, Wolfgang Helbig

Die erhaltenen antiken Wandmalereien in technischer Beziehung untersucht und beurteilt

ISBN/EAN: 9783743485839

Hergestellt in Europa, USA, Kanada, Australien, Japan

Cover: Foto ©Thomas Meinert / pixelio.de

Manufactured and distributed by brebook publishing software
(www.brebook.com)

Otto Philipp Donner-von Richter, Wolfgang Helbig

Die erhaltenen antiken Wandmalereien in technischer Beziehung

untersucht und beurteilt

DIE ERHALTENEN
ANTIKEN WANDMALEREIEN

IN TECHNISCHER BEZIEHUNG

UNTERSUCHT UND BEURTHEILT

VON

OTTO DONNER
MALER.

MIT DREI TAFELN.

BESONDERS ABGEDRUCKT AUS HELBIG'S WANDGEMÄLDE DER VOM VESUV
VERSCHÜTTETEN STÄDTE CAMPANIENS.

LEIPZIG
DRUCK UND VERLAG VON BREITKOPF UND HÄRTEL.
1869.

Die im Texte eingeklammerten Nummern beziehen sich auf die Bildernummern des Helbig'schen Werkes.

Einleitung.

Ueber die Art und Weise der Technik, in welcher jene antiken Wandmalereien ausgeführt sind, die sich theils noch auf den Wänden der zu Pompeji ausgegrabenen Gebäude befinden, theils von denselben losgelöst und mit andern, aus Herculaneum und Stabiae stammenden, in das National-Museum von Neapel versetzt worden sind, und hier wie dort unser lebhaftestes Interesse in Anspruch nehmen, sind seit den ersten Entdeckungen derselben bis auf den heutigen Tag die verschiedenartigsten Ansichten aufgestellt worden, werden es noch, und keine derselben ist bis jetzt zu allgemeiner Geltung gelangt.

Als die Technik, welcher jene anmuthigen Schöpfungen ihre Entstehung verdanken sollen, wird von Einigen die Leimfarben-, von Andern die Tempera- und wieder von Anderen die Fresco-Malerei betrachtet. Einige nehmen auch ein gemischtes Verfahren in der Art an, dass die farbigen Gründe für Bilder und Ornamente »a fresco«, diese selbst aber »a tempera« ausgeführt sein sollen; und endlich wollen Andere in diesen Darstellungen die enkaustische Malerei der Alten wiedererkennen.

Meine eigne Ansicht ist die:
1) dass wenn auch nicht absolut alle, doch ein sehr grosser, ja bei weitem der grösste Theil jener Wandmalereien, und zwar sowohl die farbigen Gründe als auch die auf denselben und auf weissen Gründen stehenden Ornamente, Einzelfiguren und abgegrenzten Bilder *a fresco* gemalt sind;
2) dass diese Technik die weitaus vorherrschende ist, die Leimfarben- und Tempera-Malerei dagegen eine sehr untergeordnete Stelle einnimmt und sich mehr aushülfsweise als selbständig angewendet findet;
3) dass enkaustische Malereien absolut nicht vorkommen.

Diese Ueberzeugungen habe ich mir bei längerem, wiederholtem Aufenthalte an den oben genannten Orten durch eine sorgfältige Prüfung und Untersuchung aller dahin einschlagenden Einzelheiten und Umstände gebildet, nicht befangen durch eine Vorliebe für diese oder jene der bestehenden Ansichten, aber gestützt auf die bei eigner Ausübung der verschiedenen Gattungen moderner malerischer Technik gewonnenen Erfahrungen, auf das Studium der Ueberlieferungen der alten Schriftsteller, auf eine vorsichtige Benutzung der bis jetzt veröffentlichten chemischen Analysen und auf vielfache eigne Versuche. Wenn ich ungern aus meiner künstlerisch praktischen Thätigkeit heraustrete und, dem Wunsche des Verfassers des vorliegenden Werkes nachgebend, es übernehme in dem Folgenden meine ausgesprochenen Ansichten zu begründen, so leitet mich hierbei vorzugsweise der Wunsch, den Männern der Wissenschaft, welchen malerisch technische Kenntnisse und Erfahrungen fremd bleiben mussten, die Mittel zu eigner Prüfung der vorerwähnten abweichenden Ansichten und zu eigner Weiterforschung über diesen Gegenstand an Ort und Stelle an die Hand zu geben. Hätte ich nicht mehrfach Gelegenheit gehabt zu beobachten, dass die in einigen neueren vielgelesenen Werken über diesen Gegenstand handelnden Kapitel Veranlassung zu erneuter Fortpflanzung unrichtiger, älterer Auffassungen gegeben hätten, so würde ich vielleicht Anstand genommen haben die über diesen Gegenstand schon vorhandene umfangreiche Litteratur noch zu vermehren, in welcher ich, obgleich sie sehr zerstreut ist, nichts Wichtiges übersehen zu haben glaube, und in welcher ich neben den Ansichten, die ich nicht theile, und gegen welche ich meine Gründe anführen werde, auch theilweise die meinigen bereits vertreten fand, jedoch, wie die Thatsachen zu beweisen scheinen, in noch nicht genügender Weise, um überzeugend wirken zu können.

Ich gebe zunächst eine kurze Uebersicht dieser verschiedenen Meinungsäusserungen und ihrer Entstehungsperioden, werde jedoch die einzelnen zu widerlegenden Punkte erst im Laufe der späteren Untersuchungen erörtern.

I.

Die verschiedenen Ansichten über die Technik in den erhaltenen antiken Wandmalereien in chronologischer Folge.

Im Jahre 1757 erschien in Neapel der erste Band des Prachtwerkes »*le pitture antiche d'Ercolano e contorni*, in welchem Carcani, Mitglied der »*accademia Ercolanese*« und ungenannter

Verfasser der diesem Bande unter dem Titel »*alcune osservazioni*« angefügten Erläuterungen, mit schulmeisternder Schärfe, gegen einige Unbefugte auftritt[1], die es gewagt hatten dem Urtheil der Akademiker vorzugreifen, und vor dem Erscheinen dieses ersten Bandes schon Urtheile über die fraglichen Wandmalereien zu veröffentlichen, die sie für Fresco-Malereien zu halten schienen. Er behauptet dagegen[2], dass alle Malereien in dem königlichen Museum zu Portici, einige ganz unbedeutende ausgenommen, die man für Frescobilder halten könne[3], a tempera ausgeführt seien, und stützt seine Behauptung darauf:

1) dass die Pinselstriche a n d e r e r Natur seien, als das Wesen der Frescomalerei zulasse;

2) dass Abblätterungen der übereinanderliegenden Farbenschichten, wie sie sich in Folge der Einwirkungen von Zeit und Feuchtigkeit an jenen Malereien vielfach zeigten, in der Frescomalerei n i c h t möglich seien, bei welcher der nasse Kalk die Farben derart anziehe, dass sie sich mit ihm gleichsam zu einem einzigen Körper verbänden, und nur durch die Zerstörung des Bewurfs von demselben zu trennen seien; und

3) dass man a l l e Farben ohne Unterschied angewendet sähe, auch selbst solche, welche sich mit dem nassen Kalke n i c h t vertragen und deshalb von der Frescomalerei ausgeschlossen sind.

Ich muss gleich an dieser Stelle hervorheben, dass diese drei Punkte die Basis für alle Jene geworden sind, welche die betreffenden Malereien für a tempera ausgeführt halten, dass sie heute noch unverändert von Alterthumsforschern, und auch wohl von Künstlern, wiederholt werden, die sich die Zeit zu gründlichen Untersuchungen nicht nahmen, vielleicht ausser der Oelmalerei keine andre Technik selbst geübt haben, oder auch in den heute üblichen Verfahrungsweisen zu befangen sind, um die ganz verschiedenen Bedingungen gehörig zu würdigen, unter welchen jene antiken Malereien entstanden. Wie unhaltbar jene Gründe sind, hoffe ich später überzeugend darthun zu können.

Jenen Ansichten schliesst sich W i n c k e l m a n n in einem von Portici 11. März 1758 datirten und an Raphael Mengs gerichteten Briefe an[4], und in seinem »S e n d s c h r e i b e n an den

---

[1] Pitture antiche d'Ercolano T. I p. 273.
[2] P. d'E. T. I p. 274.
[3] P. d'E. T. I p. 274. Note 77.
[4] Opere di Ant. RAFF. MENGS, publicate dal Cavaliere D. Giuseppe Nicolo d'Azara. Ediz. Carlo Fea (Roma 1787) p. 418.

Reichsgrafen Brühl«[5]), geschrieben in Rom, July 1762[6]) wiederholt er dasselbe und fügt hinzu: »Da man aber anfänglich in der Meinung stand, dass alle Gemälde auf der Mauer auf nasse Gründe gesetzt wären, und hierüber kein Zweifel entstand, so wurde die Art der Malerei an diesen Stücken nicht untersucht«. In einem etwas späteren, an den Hofrath Bianconi gerichteten Briefe[7]) aber beginnt er an der Haltbarkeit der oben aufgestellten Punkte zu zweifeln, und sagt, dass man derart dick aufgesetzte Farben, dass sie von der Seite beleuchtet einen Schatten werfen, sowie das Abblättern einzelner Farbenschichten, auch an den Fresken Raphaels in den Stanzen bemerken könne; er verlangt bessere Beweise als nur das Machtwort des königlichen Baumeisters Luigi Vanvitelli, auf welches sich die Herren von der Akademie in solchen Dingen verliessen, weil derselbe in seiner Jugend auch einmal den Pinsel geführt habe; bedauert, dass man, wie er gewiss wisse, keine chemischen Untersuchungen an den Bildern angestellt habe, die jetzt durch den Firniss, mit welchem man dieselben überzogen habe, unmöglich geworden seien, und dass dieser Firniss noch die schlimme Eigenschaft besitze, die Farben zusehends von den Bildern abzulösen. Uebrigens wolle er nicht in Abrede stellen, dass nicht auch Tempera-Malereien sich erhalten könnten, und weiter fügt er noch hinzu: »Die Erhaltung (der Bilder) hängt von der trefflicheren und sorgfältigeren Bereitung des Mauerbewurfes der Alten ab«[8]).

Bei diesen bescheidenen Zweifeln an der Unfehlbarkeit der »accademici Ercolanesi« blieb es indessen nicht, indem Raphael Mengs in einem von Rom 1773 nach der Rückkehr von seinem Winteraufenthalte in Neapel an N. N. gerichteten Briefe[9]) seine

---

[5]) WINCKELMANNS Werke von Fernow T. II p. 44.
[6]) Vergl. Op. di RAFF. MENGS Ediz. Carlo Fea p. 424. Brief Winckelmanns an Raph. Mengs vom 28. Juli 1762, aus welchem sich ergibt, dass Winckelmann damals mit der Abfassung des Sendschreibens an den Grafen Brühl beschäftigt war.
[7]) WINCKELMANN Storia delle arti del disegno etc. Ediz. C. Fea (Roma 1784) T. III p. 217.
[8]) Diese Stelle: »La conservazione dipende dall' intonaco fatto dagli antichi con piu arte ed industria« findet sich in »WINCKELMANNS Briefe an seine Freunde von K. W. Dassdorf (Dresden 1777)« V. Brief, pag. 46, in folgender, sinnentstellender Weise übersetzt: »Die Erhaltung hängt namentlich von dem Ueberzuge ab, den die Alten auf ihren Gemälden mit vieler Kunst und Mühe anzubringen wussten.« Diese Entstellung ist übergegangen in Winckelmanns W. von Fernow (Dresden 1808). T. II p. 261; und in Wiegmann Mal. d. Alten, p. 50.
[9]) Op. d. RAFF. MENGS Ediz. C. Fea p. 395. Vgl. auch daselbst: lettera ad un amico, p. 334, wo er die pompejanischen Bilder »con buon fresco« ausgeführt nennt. Dieser Brief ist ohne Datum.

Ansicht, dass jene antiken Malereien wirkliche Fresken seien, in klarster und die Frage eigentlich schon erledigender Weise aussprach. Es ist in höchstem Grade befremdend, dass dieser Brief, der schon in der ersten Ausgabe der Mengsischen Werke durch den Cav. D'Azara, Parma 1780, erschien, keinen grösseren Einfluss auf die Feststellung dieser Streitfrage auszuüben vermochte, in welcher damals wohl kein eben so angesehener als wirklich competenter Richter gefunden werden konnte, da Mengs vorzugsweise ein ausgezeichneter Techniker in allen Gattungen der Malerei war, wie neben seinen Oelbildern, auch seine Fresco- und Tempera-Malereien bezeugen [10]. Einestheils mag die Ursache hiervon darin zu suchen sein, dass dieser Brief zu kurz und nur für Solche, die der Technik kundig sind, geschrieben ist; anderntheils aber darin, dass damals die Alterthumsforscher und Kunstfreunde ihre ganze Aufmerksamkeit den Versuchen zur Wiederbelebung der gänzlich verloren gegangenen enkaustischen Malerei der Alten zugewendet hatten, und dass schon vor der Herausgabe der Mengsischen Werke 1787 durch C. Fea die »saggi sul ristabilimento dell' antica arte« des Abbate Vincenzo Requeno erschienen waren, in welchen derselbe die Ansicht zu beweisen suchte, dass in den alten Wandmalereien die farbigen Gründe allein a fresco, die Ornamente und Bilder aber enkaustisch auf den getrockneten Grund ausgeführt seien. Diese Ansicht, obgleich ihre Begründung auf missverstandenen und falsch angewendeten Stellen aus Plinius und Vitruv beruhte, scheint doch so viel Beifall gefunden zu haben, dass sogar Carlo Fea, der Freund von Mengs, in einer Note zu dem erwähnten Briefe von Mengs meint: »Es irrten doch wohl Jene nicht, die mit Abbate Requeno jene Malereien für enkaustisch hielten« [11].

Mehrere Jahrzehnte hindurch blieb diese Ansicht die vorherrschende und erst die von dem ausgezeichneten französischen Chemiker Chaptal in 1809 veröffentlichten Analysen [12] von in Pompeji in Töpfchen aufgefundenen Farben, und jene nicht minder trefflichen des englischen Chemikers Humphry Davy im Jahre 1815 [13], welche die Abwesenheit des Wachses in diesen Farben

---

10) Vgl. Op. d. Raff. Mengs Ed. Fea p. XXIII Note a. Das Deckenbild in dem *gabinetto de' papiri* in der Vaticanischen Bibliothek ist a fresco gemalt, der Petrus in der Wölbung der Decke a tempera. Es ist absolut kein Unterschied in dem Aussehen dieser Bilder zu bemerken.

11) Op. d. Raff. Mengs, Ed. C. Fea p. 395 Note 6.

12) In: Annales de Chymie T. LXX. mars 1809; p. 22.

13) Humphry Davy, some experiments and observations on the colours used in painting by the ancients; in: Philosophical transactions of the Royal Society of London for 1815 p. 97—121.

und in den Malereien feststellten, vermochten einen allmählichen Umschwung in den obigen Ansichten zu bewirken, ohne jedoch bei Vielen den Lieblingsgedanken, dass doch wenigstens ein Theil der erhaltenen antiken Gemälde »all' encausto« ausgeführt sei, ganz ausrotten zu können.

Das Interesse an diesen Forschungen erhielt einen neuen mächtigen Impuls durch den zwischen den beiden französischen Akademikern Raoul-Rochette und Letronne ausgebrochenen litterarischen Streit über die Wandmalerei bei den Griechen, zu welchem ein 1830 [14]) von dem Architekten Hittorf veröffentlichter Aufsatz über die polychrome Architektur der Alten die erste Veranlassung gegeben hatte, indem Hittorf, von den bunt bemalten architektonischen Gliederungen an bedeutenderen Tempeln und öffentlichen Gebäuden ausgehend, die Ansicht aufstellte, dass dem entsprechend auch die Wände derselben mit Wandmalereien geschmückt gewesen sein müssten. Dieser Ansicht trat 1833 Raoul-Rochette [15]) mit der Behauptung entgegen, dass jene Wände nicht bemalt, sondern nur mit Gemälden auf Holztafeln geschmückt gewesen seien, welche man in dieselben eingelassen hatte oder auf ihnen befestigt habe, und dass die eigentliche Wandmalerei, wie wir sie in Herculanum und Pompeji vertreten sehen, erst der Verfallsperiode der alten Kunst angehöre.

In den 1835 erschienenen »*lettres d'un antiquaire à un artiste*« [16]) tritt Letronne dagegen auf Hittorfs Seite und veranlasste hierdurch eine zweite Entgegnung von Raoul-Rochette in Form eines dicken Quartbandes [17].) Es konnte nicht fehlen, dass bei dieser Veranlassung auch der erhaltenen antiken Wandgemälde gedacht werden musste, und dies geschieht von Letronne [18]) in folgender Weise: »*Je ne sais, s'il existe, dans tout ce qui nous reste de la peinture antique, un exemple bien constaté de la fresque, comme nous l'entendons, appliqué à autre chose qu'à des teintes plates ou à des ornements de peu d'importance. S'il en est, ce ne sera que pour une rare exception.*« Er spricht sich ferner dahin aus [19]), dass

---

14) Annali dell' Instituto di Corrisp. archaeologica 1830 T. II p. 263—284.
15) Journal des savants, cahiers du mois de juin, juillet, août 1833.
16) Lettres d'un antiquaire à un artiste sur l'emploi de la peinture historique murale dans la décoration des temples et des autres édifices publics ou particuliers chez les Grecs et les Romains etc. par M. Letronne. Paris 1835.
17) Peintures antiques inédites précédées de recherches sur l'emploi de la peinture dans la décoration des édifices sacrés et publics chez les Grecs et chez les Romains etc. Paris 1836.
18) p. 370. Vgl. auch p. 376.
19) Lettr. d'un ant. p. 368 u. 376.

höchstens die farbigen Gründe, und auch diese nicht immer, nie aber Ornamente und Bilder a fresco behandelt seien, sondern dass diese Letzteren entweder mit Temperafarben oder enkaustisch auf die getrockneten Wände aufgesetzt worden wären. Er stützt sich hierbei auf die obenerwähnten stets wiederholten Ausführungen Carcanis und adoptirt Requenos Auffassung einiger Stellen aus Plinius und Vitruv [20], von welchen ich später ausführlicher reden werde. Auch kann er es [21] nicht unterlassen mit Raoul-Rochette und Seroux d'Agincourt zugleich den einsichtsvollen Architekten Mazois mit Worten zu strafen, weil er, wie die Genannten, diese Stellen in dem Sinne der Frescomalerei gedeutet und entschieden ausgesprochen hatte: »dass welcher Art auch immer die Vermuthungen der Gelehrten sein möchten, doch alle Männer der Kunst auf den ersten Blick erkennen müssten, dass diese Malereien nach einem der Frescomalerei ähnlichen Verfahren ausgeführt seien« [22].

In der soeben geschilderten, an Publicationen reichen Periode, erschienen in Deutschland zwei Werke: HIRT's Geschichte der bildenden Künste bei den Alten (Berlin 1833) und 1835 K. O. MÜLLER's Handbuch der Archäologie der Kunst (die erste Auflage war schon 1830 erschienen), in welchen beiden Urtheile über die antiken Wandmalereien ausgesprochen wurden, die, wenn sie auch nicht näher begründet sind, doch nicht unerwähnt bleiben dürfen, weil namentlich das letztere als ein vielgelesenes Buch auf die Ansichten der jüngeren Generation einen entschiedenen Einfluss ausübt. Hirt sagt p. 162: »Auf den nassen Anwurf der Wände — al fresco — malten die Alten nicht; wohl aber übertünchten sie den noch frischen Anwurf mit einer beliebigen Farbe und malten dann erst die Gegenstände auf einen solchen farbigen Grund mit Leimfarben. Auf diese Weise sind alle antiken Mauergemälde, welche auf uns gekommen sind, gemacht«. Dieselben Ansichten hatte Hirt schon in seinen Abhandlungen in den Schriften der königl. Akademie der Wissenschaften zu Berlin, Jahrgang 1799—1803, entwickelt. K. O. Müller sagt § 319, 5, noch kürzer: »In Herculanum ist gewöhnlich die Grundfarbe *a fresco*, die übrigen *a tempera*.«

Von so entschiedenen Gegnern der Ansicht, dass die Alten die eigentliche Fresco-Malerei ausgeübt hätten, komme ich nun zu einem ebenso entschiedenen Vertheidiger derselben, dem Architekten

---

20) Plin. XXXV, 49. Vitr. lib. VII. c. III. 7. Ich benutze für Citate aus Vitruv die Ausgabe von Valentinus Rose und Herman Müller-Strübing, Lipsiae MDCCCLXVII.
21) Lettre d'. ant. p. 367 u. 369 Note 2 u. 3.
22) Ruines de Pompéi, par Mazois (Paris 1824); T. II p. 64.

8   Die verschiedenen Ansichten über die Technik.

R. Wiegmann, der als Beweise für diese Ansicht in seiner 1836 erschienenen »Malerei der Alten«[23] alle jene Beobachtungen und Gründe anführt, die zuerst Raphael Mengs in dem obenerwähnten Briefe aufgestellt und mitgetheilt hat, und welche ich im Laufe dieser Abhandlung mehrfach berühren werde. Im höchsten Grade befremdend ist es daher, dass Wiegmann dieses Mengs zukommende Verdienst nicht nur nicht anerkennt, sondern ihn Dinge sagen lässt, von welchen Mengs gerade das Gegentheil ausspricht, und dass Wiegmann schliesslich noch hinzufügt: »Waren seine Beobachtungen nicht scharf genug, und blendete ihm, wie es leicht in solchen Dingen zu geschehen pflegt, ein Vorurtheil oder einseitiges Interesse das Auge?«[24] Da in den Werken und und Briefen von R. Mengs keine andern Stellen, als die beiden von mir in Note 9 angeführten über diesen Gegenstand handeln, so liesse sich auch nicht erklärend annehmen, dass Wiegmann sich auf Aeusserungen von Mengs an andern Orten beziehe; ich muss daher glauben, dass Wiegmann, als er schrieb, jene Stellen nicht vor Augen hatte und dass sein Gedächtniss ihn täuschte. Erklärlich ist es jedoch, wenn Welcker hierdurch irre geführt in seiner Recension des Wiegmann schen Werkes, in welcher er die Gründe, die Wiegmann für die Frescomalerei anführt, beifällig anerkennt, Mengs unter die Gegner dieser Ansichten zählt[25]. Wiegmann fügte den Beobachtungen von Mengs noch einige weitere werthvolle hinzu.

Mit Bezugnahme auf das Wiegmann sche Buch spricht Leo v. Klenze in seinen »aphoristischen Bemerkungen auf einer Reise nach Griechenland« (Berlin 1838) den pompejanischen, besser ausgeführten Bildern wieder die Ehre ab, Fresken zu sein, will diese Technik nur auf die einfachen Anstriche und wenige Ornamente beschränkt wissen, und kommt auf die Enkaustik zurück, um von ihr jene feiner und anmuthiger behandelten Bilder in Pompei ausführen zu lassen, die allerdings mit den von ihm in München beobachteten colossalen Fresken unserer neuern Meister wenig Aehnlichkeit haben.

Einige Abwechslung wurde in dieses stets gleiche Hin- und Herwogen jener verschiedenen Meinungen durch das Erscheinen

---

23) Die Malerei der Alten in ihrer Anwendung und Technik, insbesondere als Decorations-Malerei. Nebst einer Vorrede vom Hofrathe K. O. Müller in Göttingen. Hannover 1836.
24) Vgl. Mal. d. Alten p. 31, 32, 33.
25) Allgemeine Litteratur-Zeitung. Oct. 1836. p. 146. Auch Kuirim, Harzmalerei d. Alten p. 73, wiederholt dies, Wiegmann copirend.

der Knirim schen »Harzmalerei der Alten (Leipzig 1839)« gebracht, der zwar niemals die antiken Malereien gesehen hatte, jedoch der festen Ueberzeugung ist, dass dieselben in einer auch von ihm geübten Harz- und Balsam-Malerei ausgeführt seien.

Dagegen räumt Kugler in seiner »Kunstgeschichte (Stuttgart 1842)« der Frescomalerei wieder den Hauptplatz auf den pompejanischen Wänden ein, der Tempera-Malerei aber nur einen sehr untergeordneten Indessen begründet er seinen Ausspruch nicht [26].

In umfassender Weise beschäftigte sich der Architekt Hittorf in seinem 1851 publicirten Werke über **die polychrome Architektur bei den Griechen**[27] mit der Frage der Technik, indem er theils auf seine eignen 1823 (!) an Ort und Stelle gemachten Beobachtungen sich stützend [28], theils durch eine vergleichende Kritik der verschiedenen Ansichten und chemischen Analysen zu der Ansicht gelangte, dass sich zwar eine Anzahl wirklicher Frescomalereien unter den erhaltenen vorfänden, aber doch auch mehr Temperamalerei, als Viele zu glauben geneigt seien. Ausserdem ist er überzeugt, dass eine gewisse Gattung sehr zart ausgeführter Bilder sicher der Enkaustik angehörten. Hier kann ich nicht unerwähnt lassen, dass dieser umsichtige und wahrheitsliebende Forscher schliesslich in den Fehler so vieler Andern verfallen ist, in so schwierigen Dingen nach Reproductionen zu urtheilen, die selbst im günstigsten Falle kaum ein richtiges ästhetisches Urtheil, noch weniger aber ein solches über Technik zulassen. So schliesst er p. 680 aus den colorirten Abbildungen in dem Werke von Raoul-Rochette und Bouchet, »la maison du poëte tragique«, dass das Erotennest (N. 821) wegen der zarten Harmonie seiner Farben (die doch hier nur von dem besser oder schlechter gelungenen Farbendruck abhängen!) enkaustisch ausgeführt sein müsse. Briseïs Wegführung (N. 1309) und die Hochzeit des Zeus und der Hera (N. 114) nach dem rohen und harten Ton zu urtheilen aber a fresco! Die eigne Anschauung an Ort und Stelle würde Hittorf gezeigt haben, dass die beiden letzten Bilder sich vor vielen Andern durch eine zwar energische, aber feine und anmuthige Behandlung auszeichnen, das Erotennest ihnen aber darin eher nachsteht als gleich kommt. Ich werde auf den gleichen von namhaften Gelehrten begangenen Fehler in

---

26) Vgl. Handbuch der Kunstgeschichte von Dr. Franz Kugler. Zweite Auflage mit Zusätzen von Dr. Jac. Burkhardt (Stuttgart 1848) p. 211.

27) Restitution du temple d'Empédocle à Selinonte ou l'architecture polychrome chez les Grecs, par J. J. Hittorf, architecte. Avec un atlas. Paris 1851.

28) HITTORF, arch. polych. p. 676.

diesen Blättern noch mehrmals zurück zu kommen Veranlassung finden.

Das letzte Werk, mit welchem ich mich hier zu beschäftigen habe, ist die 1866 erschienene 2. Auflage von Dr. J. Overbecks „Pompeji" (die erste [29]) war erschienen, bevor der Verfasser Pompeji selbst besucht hatte), in welchem er unter Mittheilung eigner Beobachtungen die Frage als eine noch offene behandelt, jedoch äussert, »K. O. Müller's Ansicht werde wohl der Hauptsache nach das Richtige treffen«, und der Meinung ist, dass höchstens nur eines oder das andere der grösseren Bilder inmitten der Wandflächen der Frescotechnik angehöre, die Wandflächen selbst aber ohne Ausnahme a fresco gefärbt seien, und dass auf diese die meisten Malereien a tempera mit verschiedenen Bindemitteln aufgesetzt worden wären. Ueber das Wesen und die Eigenschaften der Frescofarben sehen wir hier zum Schlusse nochmals dieselben ungegründeten Anschauungen wiederkehren, mit deren Anführung dieser Abschnitt beginnt.

II.
Die drei Arten der enkaustischen Malerei der Alten und die Kausis.

Von den verschiedenen Gattungen malerischer Technik, die nach dem Zeugniss der alten Schriftsteller im Alterthum üblich waren, und welche bei diesen Untersuchungen in Betracht gezogen werden müssen, sind nur die Fresco- und die Temperamalerei durch ununterbrochene Ausübung bis auf den heutigen Tag erhalten worden, und sind in ihren Grundbedingungen dieselben geblieben, wenn auch wesentliche Verschiedenheiten in der Anwendung derselben die nothwendigen Folgen veränderter Nebenbedingungen sind.

Die enkaustische Malerei dagegen ist vollständig verloren gegangen und in den alten Schriftstellern sind uns nur sehr dürftige Nachrichten über das Wesen derselben erhalten. Plinius schildert dieselbe als aus zwei aufeinander folgenden Verfahren bestehend: dem Malen mit Wachs und dem Einbrennen oder Einschmelzen des Gemalten [30]), und führt drei

---

[29]) Pompeji in seinen Gebäuden, Alterthümern u. Kunstwerken für Kunst- u. Alterthumsfreunde dargestellt von Dr. J. Overbeck, Leipzig 1856.
[30]) Plin. XXXV, 122: *Ceris pingere ac picturam inurere*.

Arten derselben in folgender Weise an: »Es ist bekannt, dass es schon in früher Zeit[31]) zwei Arten des enkaustischen Malens gab: mit Wachs, auch auf Elfenbein, mit dem Cestrum, d. h. mit dem Viriculum; bis man anfing[32]), auch die Schiffe zu bemalen; als dritte Art kam nun jene mit Wachs, das über dem Feuer geschmolzen und mit dem Pinsel aufgetragen werden muss, hinzu«. So übersetze ich die vielfach aufs verschiedenste gedeutete Stelle des Plinius XXXV, 149: »*Encausto pingendi duo fuisse antiquitus genera constat: cera, et in ebore, cestro id est viriculo; donec classes pingi coepere; hoc tertium accessit, resolutis igni ceris penicillo utendi.*«

Ganz klar geschildert ist das dritte, bei dem Bemalen der Schiffe angewendete Verfahren, in welchem das mit Zusatz von Farbenpulver über dem Feuer geschmolzene Wachs mit dem Pinsel aufgetragen wurde[33]). Es muss hierbei jedoch mehr an ein Anstreichen, als an ein Malen gedacht werden, weil das rasche Erkalten des Wachses, vorzüglich bei grösseren Flächen, eine sorgfältigere Durchbildung unmöglich macht; Verzierungen, ja selbst Figuren, die in einfachen Localtönen gehalten waren, wie wir dies an sicilianischen Booten noch heut zu Tage sehen, konnten aber auf diese Weise bequem ausgeführt werden. Ein nochmaliges Einbrennen der aufgetragenen Farben vermittelst einer angenäherten Kohlenpfanne nach Vollendung des Anstriches und der Malereien muss als zweiter Theil dieser Technik und nach Analogie des später zu erwähnenden Verfahrens bei der sogenannten »Kausis« als sicher angenommen werden[34]). Als

---

31) PLIN. XXXV, 122: *Quidam Aristidis inventum putant, postea consummatum a Praxitele. Sed aliquanto vetustiores encausticae picturae exstitere, ut Polygnoti et Nicanoris et Archesilai Pariorum.*

32) Dass Plinius diesen Satz unpassend an den vorhergehenden anknüpft, indem die Schiffsmalerei und somit auch diese Gattung der enkaustischen Malerei älter oder ebenso alt ist als die beiden andern, haben WELCKER (Allg. Litt. Ztg. Oct. 1836 p. 49) u. LETRONNE 'lettres d'. ant. etc. p. 391) überzeugend nachgewiesen.

33) KLENZE, aph. Bemerk., und WIEGMANN, M. d. A. p. 151, glauben, veranlasst durch die Stellen in Plinius XVI, 56: *Zopissam vocari derasam navibus maritimis picem cum cera*, u. XXIV, 41: *Zopissam eradi navibus diximus cera marino sale macerata*, dass nun auch Wachs mit Theer vermischt gebraucht habe. Für ein solches Verderben der Wachsfarben lässt sich kein Grund einsehen. Die einfache Theerung (Plin. XVI, 52: *pix liquida .... navalibus muniendis*) erfüllte damals wie heute ihren Zweck vollkommen; man strich aber über sie an den zu verzierenden Stellen die Wachsfarben auf, die alsdann mit dem Salz, das sich an sie angesetzt hatte, und mit dem Theer, der unter ihnen lag, abgekratzt und zu Medicamenten benutzt wurden.

34) Dies findet seine Bestätigung in Ovid Fast. IV, 275, wo er die Schiffe: »*picta coloribus ustis*« nennt.

Hauptzweck muss hierbei jedoch mehr die Nothwendigkeit, der Oberfläche, die bei dem Auftrage der heissen Farben ungleich wird — wie man sich bei Versuchen leicht überzeugen kann —, ein gleichmässiges Aussehen zu geben, betrachtet werden; dagegen das Eindringen des Wachses in den darunter liegenden Stoff mehr als eine Folge, höchstens als Nebenzweck. Dass diese Technik von den Alten überall da angewendet wurde, wo uns heute ein Anstrich auf Holz oder auf Stein mit Oelfarbe zweckmässig erscheinen würde, finden wir durch manche Stellen in den alten Schriftstellern bezeugt[35]; dass sie aber zu Wandmalereien **nicht** gebraucht wurde, dafür haben wir das ausdrückliche Zeugniss von Plinius[36]: »Mit denselben Farben wird das Wachs für jene Malereien gefärbt, welche eingebrannt werden, ein in der **Wandmalerei nicht angewendetes** Verfahren, das aber in der Schiffsmalerei üblich ist«. Diese so bestimmte, absolut klare Aeusserung müsste schon hinreichen, um uns an dem Suchen nach **dieser** Technik auf den Wänden von Pompeji zu verhindern.

Wir wissen dagegen durch vielfache Beschreibungen in alten Schriftstellern auf das bestimmteste, dass viele Tafel- oder Staffelei-Gemälde enkaustisch ausgeführt wurden, und haben also **diese** Technik unter den beiden ersten von Plinius in dem kleinen Satz: »*cera, et in ebore, cestro id est viriculo*« mit verzweifelter Kürze geschilderten Arten zu suchen. Da nun als das Material, auf welchem die zweite Art ausgeführt wurde, das **Elfenbein** besonders genannt ist, so bleibt für die erste Art zu dem gleichen Zwecke die **Holztafel** übrig[37], was Plinius nicht besonders zu erwähnen für nöthig hielt, da er es als allgemein bekannt voraussetzen konnte. Wenn hierin die meisten Erklärer dieser Stelle übereinstimmen, so weichen sie dafür um so mehr in allen Folgenden ab. Einige übersetzten *cera*, wie: *in cera*[38]; Andere betrachteten die **erste** Art als durch *cera* allein bezeichnet und **die zweite** nur durch *in ebore cestro*, und glauben, dass nur in dieser letzteren das *cestrum* als Instrument angewendet worden sei, in der ersteren aber der Pinsel. Andere betrachten wie-

---

35) Auson. Epigr. 26: *ceris inurens ianuarum limina et atriorum pegmata*. Vitruv l. IV. c. 11. 2: *et eas* (die hölzernen Triglyphen) *cera caerulea depinxerunt*.

36) XXXV, 49: *Cerae tinguntur iisdem coloribus ad eas picturas, quae inuruntur, alieno parietibus genere, sed classibus familiari*.

37) Ovid. Fast. III, 831: *tabulamque coloribus uris*.

38) Vgl. Welcker, kl. Schriften, Bd. III, p. 414 f.: »**Hirt** wie **Caylus** hat »*cera*« verstanden, wie »*in cera*«, auf Wachsgrund, was schon nach der Construction, wie Hr. Letronne S. 381 bemerkt, aber auch wegen des Einbrennens, welches stattfand, entschieden und durchaus falsch ist.« Ich theile diese Ansicht vollständig.

der das *cestrum* als ein beiden Arten gemeinschaftliches Instrument, das Wachs aber als von der zweiten ausgeschlossen.

Ich will den Leser nicht mit der Aufzählung aller Einzelheiten dieser abweichenden Auffassungen ermüden, aber die Ansichten von Welcker, der in seinen kleinen Schriften Bd. III p. 412 ff. ausführlich über diesen Gegenstand handelt, kann ich nicht unberührt lassen. Er sagt p. 414: »Was anstatt des *cestrum* in der Tafelmalerei gebraucht wurde, ist nicht gesagt; durch das folgende *penicillo utendi* könnte man zu glauben verleitet werden, dort sei es nicht der Pinsel gewesen. — Dies aber ist sehr unwahrscheinlich«. Und ferner: »den Vortheil des Pinsels aufzugeben und die Farbe wie mit einer Feder aufzutragen in der Zeit hochstehender Pinselmalerei, wäre sehr verkehrt gewesen«. Welcker denkt sich das farbige Wachs durch aetherische Oele aufgelöst, und so mit dem Pinsel aufgetragen; er betrachtet als einen Haupttheil dieser Technik die geschickte Führung des Rhabdion (ῥαβδίον), oder Glühstabes, wie er das zum Einschmelzen der Farben dienende Instrument nennt, »da der Schmelz und die Nüancirung, der *splendor*, worin der Hauptzweck bestanden haben muss, nur durch das feinste Ab- und Zuthun der Wärme hervorgebracht werden konnte. Durch den Glühstab aber brachte man leichter, wenn man ihn geschickt führte, anhielt, weggleiten liess, näher oder weiter abhielt, indem man so den Farbenton regelte, diejenige Wirkung, die von dem Eindringen und Verschmelzen der Tinten abhing, hervor.« Welcker will also die Anwendung des *cestrum* nur auf die zweite Art beschränkt sehen, und betrachtet den Pinsel als das Instrument in der ersten.

Ich theile diese Auffassung nicht. Anstatt wie Welcker zu trennen: *cera, et in ebore cestro*, trenne ich: *cera, et in ebore, cestro*, d. h. mit Wachs, auch auf Elfenbein, mit dem Cestrum, und sehe den Gegensatz der beiden ersten Arten zu der dritten darin, dass sie weder mit flüssigem, heissem oder kaltem, Wachse, noch mit dem Pinsel ausgeführt wurde; den Unterschied zwischen den beiden ersten, aber nur darin, dass man sich bei der einen des Elfenbeins, bei der andern aber grundirter oder nicht grundirter Holztafeln [39]) bediente, während das Instrument bei beiden dasselbe, und zwar nicht der

---

39) Aus der Notiz WINCKELMANNS (Gesch. d. Kunst, Buch 7 Kap. 4 § 20.): »Es fand sich auch eine Tafel von weissem Wachs unter Farben liegen in einem Zimmer des unterirdischen Herculanum« macht RAOUL-ROCHETTE (peint. ant. inéd. p. 29) ein: *tableau de bois préparé pour peindre avec l'impression de cire blanche*«! Ich habe nach jenem Stücke Wachs vergeblich in dem Museum in Neapel geforscht.

Pinsel sondern das *cestrum* ist. Die Zusammengehörigkeit derselben ist offenbar schon in der Art und Weise ausgedrückt, in welcher Plinius sie der dritten Art gegenüberstellt. Dass aber in der enkaustischen Tafelmalerei der Pinsel nicht gebraucht wurde, findet sich ausserdem noch dadurch bestätigt, dass Plinius im 35. Buche bei Aufzählung der berühmtesten Tafelmaler beständig den Gegensatz zwischen jenen, die mit dem Pinsel Tafeln *a tempera* malten, und den Enkausten scharf festhält, wie er auch, nachdem er die Reihe der berühmtesten jener Meister geschlossen hat, nun (XXXV, 112) zu den *minoris picturae celebres in penicillo*, übergeht. Hierauf erst führt er die Enkausten an und hebt (XXXV, 123) von Pausias, den er »*primum in hoc genere nobilem*« nennt, als besonders bemerkenswerth hervor: »dass er auch selbst mit dem Pinsel malend die Wände zu Thespiae restaurirte, die einst von Polygnot gemalt worden waren: dass er aber mit diesem verglichen, als um Vieles übertroffen betrachtet wurde, weil er nicht in seiner eignen Malweise wetteiferte«[40]). Nachdem Plinius die Reihe der berühmtesten Enkausten geschlossen hat, geht er zu den in beiden Gattungen minder Ausgezeichneten über, und hebt auch hier hervor, dass »Jaia von Cyzicus in Rom sowohl mit dem Pinsel gemalt habe, als auch auf Elfenbein mit dem Cestrum und zwar vorzugsweise Frauenportraits, zu Neapel jedoch auch auf einer grossen Tafel ein altes Weib«[41]). Hier ist offenbar dem Malen mit dem Pinsel jenes mit dem Cestrum auf Elfenbein und auch auf grosse Tafeln entgegengestellt; auch wird man mir zugeben müssen, dass wenn Plinius bei diesem Gegensatz immer nur die enkaustische Elfenbeinmalerei mit dem Cestrum, die der Natur ihres Materials nach doch immer nur eine beschränkte Stelle einnehmen konnte, im Auge gehabt hätte, so würde das in gar keinem Verhältniss stehen mit dem Nachdruck, den er auf diesen Gegensatz legt, wenn er, die fortschreitende Kunstentwicklung schildernd, von Zeuxis[42] sagt: »und er brachte den schon etwas wagenden Pinsel, denn nur von diesem rede ich bis jetzt, zu hohen Ehren«. Dies kann sich nur auf eine ähnlich wichtige Technik in der höheren Tafel- oder histori-

---

40) PLIN. XXXV, 123: *quoniam non suo genere certasset*. Hier ist »genere« nicht zu verstehen, als »in einem andern Styl, mit dem er nicht vertraut war«, sondern als eine andere Technik. Hierfür spricht auch der gleiche Ausdruck bei Varro de r. r. III. 17: *Pausias et caeteri pictores ejusdem generis*, d. h. der enkaustischen Malweise.

41) PLIN. XXXV, 147: *Jaia Cyzicena ... Romae et penicillo pinxit, et cestro in ebore imagines mulierum maxime et Neapoli anum in grandi tabula*.

42) XXXV, 61: *Ab hoc artis fores apertas Zeuxis Heracleotes intravit .... audentemque jam aliquid penicillum (de hoc enim adhuc loquimur) ad magnam gloriam perduxit*.

schen Malerei beziehen, in welcher **nicht** der Pinsel gebraucht wurde, sondern, wie auch bei der für kleinere Zwecke dienenden enkaustischen Malerei auf Elfenbein, das Cestrum!

Wie sah nun aber das **Cestrum** oder **Viriculum** aus? Diese Frage hat alle Erklärer in Verlegenheit gesetzt; ohne ihre Lösung kann aber das Wesen der alten Enkaustik nicht festgestellt werden. Befragt man Wörterbücher, so wird man von Viriculum zu Cestrum, und von Cestrum zu Viriculum geschickt und findet stets, nur mit Bezugnahme auf diese eine Stelle des Plinius: **Stift, Stichel, Griffel, Brenngriffel**. Dies nahmen Viele als eine ausgemachte Sache an und erklärten sich die Enkaustik auf Elfenbein dahin, dass in dasselbe mittelst des glühenden Stiftes oder Stichels nur eine Zeichnung eingebrannt worden sei, deren Linien hierdurch schwarz erscheinen mussten [43]. Andre, denen das höchst unbequeme Arbeiten mit glühenden Stiften sehr begreiflicher Weise nicht einleuchten wollte, betrachteten das Viriculum wie den Stichel der Kupferstecher, mit welchem man die Gravirung machte, dann farbiges Wachs ähnlich wie die Kupferstecherschwärze in irgend einer Weise auftrug und es dann einbrannte [44]. Wie aber nun bei der Tafelmalerei? Konnte man bei grösseren Bildern zum Auftragen der Farben einen Griffel gebrauchen [45]? Das Einsehen dieser Unmöglichkeit mochte Welcker und manche Andere bestimmt haben, in der ersten Art die Farben als nicht mit dem Cestrum, sondern als mit dem Pinsel aufgetragen zu betrachten.

Worauf gründet sich aber die Erklärung von *Cestrum* als Stift etc.? Wiederum nur auf eine Stelle des Plinius, in welcher das Wort *veruculum*, oder in andern Handschriften *verriculum* [46] vorkommt, welches man von *veru*, Bratspiess, ableitete, und darauf, dass man *viriculum* nur als eine verschiedene Form desselben Wortes betrachtete, und ihm somit auch die gleiche Bedeutung zuschrieb [47]. Dass aber diese Ableitung Zweifel zu-

---

[43] So WIEGMANN M. d. A. p. 151; LETRONNE lett. d'ant. p. 382; K. O. MÜLLER Hdb. d. Arch. 320. REQUENO Sagg. etc. p. 311. Ediz. 1787.

[44] So WELCKER kl. Schr. Bd. III, p. 414; KLENZE aphor. Bemerk.

[45] HIRT Gesch. d. b. K. p. 162, nimmt Wachspastelle an: »um mit dem Griffel die passenden Farbentheilchen nebeneinander aufzutragen, und sie dann mit dem eisernen Spatchen, mehr oder weniger in einer Kohlenpfanne erwärmt, auszubreiten und die Tinten nach Belieben mit einander zu verschmelzen. Die Grundirung der Tafeln war allgemein, wie es scheint, mit weissem Wachs.«

[46] Vet. Dalechampius.

[47] Vgl. STEPHANUS Thesaur. Graec. Ling. s. v. Κέστρον, der vorsichtiger als der sich sehr positiv aussprechende Forcellini sagt:

16 Enkaustische Malerei der Alten.

lässt, wird aus der Stelle selbst hervorgehen. Ich muss vorausschicken, dass Plinius in diesem Abschnitte von der Silber- oder Bleiglätte, *spuma argenti*, handelt. Dieselbe erzeugt sich bekanntlich bei dem Treiben des Silbers, indem sich das geschmolzene Blei auf seiner Oberfläche durch die Berührung mit dem Sauerstoff der Luft in Bleioxyd verwandelt, durch einen Canal in einen unteren Tiegel geleitet, und aus demselben herausgenommen, nochmals mit Kohlen zusammengeschmolzen und reducirt oder so belassen wird. Plinius sagt also XXXIII, 107: *omnis autem fit excocta sua materia ex superiore catino defluens in inferiorem et ex eo sublata veruculis ferreis atque in ipsa flamma convoluta....* Nun ist es wohl einleuchtend, dass, wenn die flüssige Masse entfernt werden soll, um der nachrinnenden Platz zu machen, oder um von neuem mit Kohlen in der Flamme selbst geschmolzen zu werden [47]), dies nicht mit kleinen Bratspiessen, *veruculis ferreis*, geschehen kann, wohl aber mit kleinen Schöpflöffeln, oder, wenn die Masse zäher wird, mit Schöpfkellen und Schaufeln; die Diminutivform *veruculum* kann sich also auch nur auf die Grösse der Kelle und Schaufel, entsprechend der Grösse des Tiegels, beziehen, nicht auf einen mehr oder minder langen Spiess, da man bei allen Arbeiten am Feuer die Stiele der Instrumente möglichst lang macht. Das italiänische Wort für Schmelztiegel ist *cazza*, das Instrument zum Abschöpfen heisst *cazzuola*, und ebenso heisst die Maurerkelle, die auch *cucchiaja*, gleichbedeutend mit *cucchiajo*, Löffel, genannt wird, und noch ganz

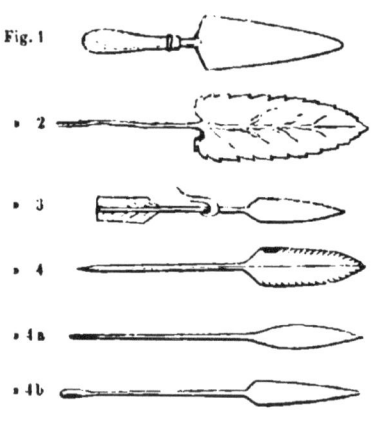

Fig. 1
„ 2
„ 3
„ 4
„ 4 a
„ 4 b

ξίστρον dicitur esse praeterea instrumentum quo cavatur ebur ...... riviculum. Ubi quidam legendum putant veruculum, ut ap. eund. Plin. habetur XXXIII (C. VI), 35.

48) Plinius erklärt etwas weiter unten, wie das *atque in ipsa flamma convoluta* zu verstehen ist, indem er sagt: *Spuma ut sit utilis, iterum coquitur, confractis tubulis ad magnitudinem anulorum; ita accensa follibus ad separandas carbones cineremque abluitur aceto aut vino.* Also, die ausgeschöpften und wieder erhärteten Klumpen werden in kleine, ringgrosse Stückchen zerschlagen und nochmals mit Kohlen unter das Gebläse gebracht. Kleine Stückchen kann man auch nicht mit Spiessen, sondern nur mit Schaufeln einfüllen; wahrscheinlich ist mit »*ipsa flamma convoluta*« die Behandlung in dem Flammofen gemeint.

die antike Form beibehalten hat (siehe Fig. 1). Dies führt uns alles bei dieser Technik auf Löffel, Kellen oder Schaufeln hin. (auch Grosse übersetzt *reruculum* mit „kleine Schaufel") : und wenn *reruculum*, *rerriculum*, *viriculum*, wie es wohl kaum einem Zweifel unterliegen kann, dieselben Worte sind und das Gleiche bedeuten, so fällt hiermit auch für *ririculum* die Bedeutung als **Stift, Griffel, Stichel** weg und es verwandelt sich dagegen in eine kleine **Schaufel** oder **Spatel** mit entsprechend langem Stiel.

Nun ist der Ausdruck **Cestrum** näher zu betrachten. Er ist dem Griechischen *cestron* (κέστρον), oder *cestros* (κέστρος) entnommen. Plinius bringt das Wort ausser als Malgeräth nur noch als eine Bezeichnung für die Pflanze **Betonica** in folgender Stelle: (XXV, 84) .... *quae Vettonica dicitur in Gallia, in Italia autem serratula, a Graecis cestros aut psychotrophon* [49]. Die Betonica und die Serratula, von denen es verschiedene Arten [50] gibt, haben ovale oder lanzettförmige Blätter mit langem Stiel, herzförmiger Basis und gezahntem Rand, von welchem letzterem die Serratula ihren Namen trägt (siehe p. 16 Fig. 2, die nach der Natur gezeichnet ist). Wir werden hier also wieder auf eine Form hingeführt, die jener von Fig. 1 ähnlich ist, und bekommen für Cestrum ebenfalls den Begriff einer **Schaufel** eines **Spatels**, der hier einen fein gezahnten Rand hat.

Ausser in diesen beiden angeführten Bedeutungen kommt das Wort Cestrum oder Cestron nur noch in der Zusammensetzung *cestro-sphendone* [51], Schleuder-Cestron, vor. Livius [52] beschreibt

---

49) Vgl. DIOSCOR. 4, 173 u. 4, 1; GALEN. vol. 13 p. 189 : Κέστρον ἤ, ψ. Ῥωμαϊστὶ δὲ βετονίκην. Vgl. vol. 6 p. 148.

50) Vgl. PIETRO SANGUINETTI : Florae Romanae prodromus alter etc. Romae 1855:
No. 1203. *Betonica officinalis* : .... *foliis radicalibus et caulinis inferioribus oblongis, basi cordatis, longe petiolatis* .... *regulariter crenatis*.
No. 1778. *Serratula nudicaulis* .... *foliis ovatis lanceolatiave integris dentatis, ciliatis, inferioribus in petiolum longe productis*.

51) Vgl. FORCELLINI: *cestrosphendone*, es .... „*nomen habet a κέστρον, quod telum veru simile significat, et σφενδόνη, funda.*" Aus Note 52 wird man sehen, dass Forcellini ganz willkürlich „*veru simili*" hinzugefügt hat, weil er sich von dem herkömmlichen Begriff des *cestrum*, gleich *reruculum*, beherrschen liess. Er giebt Livius als Quelle an.

52) LIV. XLII, 65. *Maxime cestrosphendonis vulnerabantur; hoc illo bello novum genus teli inventum est. Bipalme spiculum, hastili semicubitali infixum erat, crassitudine digiti: huic ad libramen pinnae tres, velut sagittis solent, circumdabantur: funda media duo funalia imparia habebat* .... Der *palmus major* ist zwölf Zoll, der *palmus minor* vier Finger breit; construirt man sich das Geschoss auf erstere Art, so kommt bei dem nur eine halbe Elle langen Schaft ein nicht zu handhabendes Unding zum Vorschein. Es kann also nur der *palmus minor*

dieses seltsame Geschoss als einen Pfeil mit fingersdickem, ½ Elle langem Schaft, der unten mit Federn versehen war, und eine Spitze hatte, deren Länge gleich der Breite von acht Fingern war, wie Fig. 3 es veranschaulicht. Wir finden also auch hier eine den beiden schon gefundenen Formen entsprechende wieder, und es ist bemerkenswerth, dass die in Fig. 1 abgebildete Kelle in Rom auch *Saetta*, Pfeil, genannt wird.

Die Uebereinstimmung der gewonnenen Resultate lässt es als unzweifelhaft erscheinen, dass das Cestrum oder Viriculum ein **Spatel** von einer Fig. 4 ähnlichen Form gewesen sein muss; und da das Entstehen dieser beiden Arten der enkaustischen Malerei ohne Zweifel auf die Gewohnheit zurückzuführen ist, auf Holz- oder Elfenbeintafeln, die mit Wachs überzogen waren, die Schrift vermittelst eines spitzen Stifts einzugraben, dessen unteres, breiteres, sehr verschiedenartig geformtes Ende zum glatt Streichen des Wachses diente, auch das Zeichnen durch Einritzen, z. B. bei den Vasen, bei den Alten sehr üblich war, so liegt es nahe anzunehmen, dass man ebenso das zugespitzte Ende des Stieles des Cestrums zu gleichem Zwecke benutzte. Mit einem solchen Instrumente, das nach der Grösse des darzustellenden Gegenstandes grösser oder kleiner sein kann, lässt sich das gefärbte Wachs angenehm und leicht auftragen, und jede Form und Schattirung hervorbringen, wovon ich mich durch eigene Versuche überzeugt habe. Das Wachs darf nicht heiss geschmolzen, noch kalt durch ätherische Oele aufgelöst sein, sondern braucht nur durch einen geringen Zusatz eines balsamischen Harzes oder eines fetten Oeles [53], mit dem es, wie bei der Kausis, zusammengeschmolzen werden muss, wenn man das Farbenpulver zusetzt, auf die ungefähre Weichheit des Modellir-Wachses gebracht zu werden [54]. Die feine Zahnung des Randes verhindert eine zu starke Anhäu-

gemeint sein und dies gibt die Verhältnisse, die p. 16 Figur 3 zeigt. Es wäre auch gar nicht unmöglich, dass der Rand dieses seltsamen neuen Geschosses, das so Viele verwundete, sägeförmig gewesen ist.

53) Der hierzu nöthige, sehr geringe Zusatz des nichttrocknenden Olivenöles ist, wie ich mich überzeugt habe, ohne Nachtheil für das Erhärten des Wachses; denn es dringt bei dem Einschmelzen als der zertheilbarste Bestandtheil theils in die Unterlage, theils verflüchtigt es sich. Ein geringer Zusatz eines trocknenden Oeles oder natürlich flüssigen, balsamischen, nicht klebrigen Harzes erfüllt diesen Zweck auch und hierin hatten die Alten sicher das Beste herausgefunden.

54) Vgl. REQUENO, Saggi etc. p. 304. Er machte bei seinem *encausto dello stiletto* das Wachs durch Zusatz von Mastix zu einer harten Masse und musste deshalb seine Stilette od. *schidioncini* (kleine Bratspiesse!) immer im Feuer erhitzen, um sein Wachs mit ihnen zu erweichen und aufzutragen. Unbequemer und ungeschickter konnte man sich nicht leicht etwas ausdenken.

fnng des Wachses und das Zuglattwerden der Oberfläche bei dem Auftrage: bei kleinen Gegenständen konnte der Rand des Instrumentes glatt sein. Der Gedanke, auf solche Weise ein Gemälde hervorbringen zu wollen, würde vielleicht Manchem weniger befremdlich erscheinen, wenn sie gesehen hätten, mit welchem Geschick moderne Künstler mit den weicheren, dazu weniger günstigen Oelfarben, und mit dem auch weniger zweckmässig geformten Palettenmesser oder Spatel, in ihren Bildern wesentliche Theile ausführen. Sicher würde aber kein moderner Maler seine Oelfarben und seine Pinsel mit jenen Wachsfarben und dem Cestrum vertauschen wollen; und ich finde eine Bestätigung meiner Ansicht, dass in dieser ersten Art der Enkaustik der Pinsel nicht gebraucht wurde, darin, dass Plinius von ihr sagt: »dass sie ihrer Natur nach langsam von Statten gehe, und dass die Nebeneifrer des Pausias glaubten, dass er deshalb immer nur kleine Bilder, namentlich Knaben male«[55]. Dass diese enkaustische Spatelmalerei neben den Vorzügen, die ihr in den Augen Vieler die grössere Kraft und Tiefe der Farben und eine dadurch ermöglichte reizvollere Wirkung geben mochte, auch ihre Schwierigkeiten und Mängel gehabt haben muss, geht ferner daraus hervor, dass, wenn auch viele Künstler sowohl enkaustisch als mit dem Pinsel zu arbeiten verstanden, doch die Bedeutendsten unter ihnen, Apelles, Protogenes und Andere, sich auf eine Technik n i c h t einliessen, die einem freieren, grossartigeren Schaffen doch immer durch ihr Material lästige Beschränkungen auferlegen musste. Auch das frühzeitige Verschwinden derselben spricht gegen sie. Wären die Wachsfarben, wie Welcker, Hittorf[56], de Montabert[57] und Andere annehmen, in flüchtigen Oelen aufgelöst und mit dem Pinsel aufgetragen worden, wie unsere modernen Wachs- oder Oelfarben, so ist nicht einzusehen, warum dies langsamer hätte von Statten gehen sollen, als die übliche Pinseltemperamalerei, die, wenn man mit derselben sehr ausgeführte Arbeiten machen will, wie wir uns die gerühmten Meisterwerke der alten Künstler denken müssen, gewiss mühsamer ist, als die bequeme, angenehme, sogenannte moderne Enkaustik mit den durch flüchtige Oele erweichten Wachsfarben. Hätten die alten Maler dieses Verfahren gekannt, so würden sie schwerlich mehr viel Tempera-Malereien gemacht haben. Ob aber die Alten die hierzu nöthigen ätherischen Oele zu gewinnen verstanden, bleibt

---

55) PLIN. XXXV, 124: *parvus pingebat* (**Pausias**) *tabellas, maximeque pueros; hoc aemuli interpretabantur facere eum, quoniam tarda picturae ratio esset illa.*
56) Arch. polych. Chap. XCIX. p. 659.
57) DE MONTABERT, traité complet de peinture. Paris 1829.

trotz einiger entgegenstehender Ansichten nicht nur zweifelhaft, sondern nach vielen Anzeichen sehr unwahrscheinlich [58].

Das in flüchtigen Oelen, namentlich dem Terpentinöle, aufgelöste Wachs hat man unter Hinzufügung verschiedener Harze neuerdings vielfach zu Wandmalereien angewendet. In München in der Residenz hat Schnorr zwei Säle nach dem Fernbach-schen Verfahren, in Paris Flandrin den grossen Fries in St. Vincent de Paul nach dem besseren Montabertschen ausgeführt, und an beiden Orten hat man die Erfahrung gemacht, dass das Einschmelzen nicht nur nicht nöthig sei, sondern dass ohne dasselbe die Farben weit schöner aussehen. Das Einschmelzen also, welches das eigentliche Wesen der alten Enkaustik ausmacht, hat sich bei dem modernen Verfahren nicht nur als vollständig überflüssig erwiesen [59], sondern auch als schädlich, und dies würden die Alten ebenso gut wie wir bemerkt haben.

---

[58] Plinius, der XVI, 52 — 55 genau die Gewinnung aller aus dem Tannenharz damals bereiteten Stoffe, des gemeinen Terpentines, Theeres und Peches schildert, schweigt vollständig über die nasse Destillirung des ersteren, durch welche allein das für diese Zwecke unentbehrliche Terpentinöl gewonnen werden kann; ja selbst die Kenntniss der nassen Destillation ist bei den Alten nicht nachzuweisen. Es ist zu beachten, dass Plinius unter einer Menge von Verbindungen andrer Ingredienzen mit Wachs, die er beschreibt, niemals einer Verbindung desselben mit flüchtigen Oelen erwähnt, auch niemals der Auflösungen von Harzen in denselben, die uns für tausend Zwecke so unentbehrlich sind. Dagegen sagt er aufs bestimmteste XIV, 123: »jedes Harz kann in Oel aufgelöst werden, oder auch, wie Einige glauben, im Töpferthon« (*resina omnis dissolvitur oleo; quidam et creta figulinarum hoc fieri arbitrantur*). Wenn Plinius also selbst ein so schlechtes Mittel, wie einen fetten Töpferthon erwähnt, so ist es wohl klar, dass man keine hierzu brauchbaren ätherischen Oele besass. Das Naphta hätte in gereinigtem Zustande hierzu dienen können; aber von ihm sagt Plinius ausdrücklich: »Durch seine entzündliche, dem Feuer verwandte Natur, bleibt es von jeder Nutzanwendung gänzlich ausgeschlossen« (XXXV, 179: *Verum eius ardens natura et ignium cognata procul ab omni usu abest*). Dies spricht alles aufs entschiedenste dafür, dass die Alten diese uns unentbehrlichen ätherischen Oele nicht zu gewinnen oder nicht zu benutzen verstanden. Dieser Mangel einer scheinbar so nahe liegenden Sache ist indessen nicht befremdlicher, als dass man weder aus dem Mohn- noch aus dem Leinsamen die trocknenden Oele zu gewinnen verstand. Doch kannten die Alten laut Plinius XXIII, 88 das trocknende Nuss-Oel; aber gerade von ihm sagt Plinius, nachdem er es für einige Körperbeschwerden empfohlen hat: *cetero iners, et gravi sapore*! Es ist merkwürdig, dass er dieses Oel, welches ein Ersatzmittel für unser Leinöl hätten sein können, ebenso wegwerfend behandelt, wie das Naphta, welches den Terpentin zu ersetzen vermocht hätte!

[59] Dies gibt Hittorf, der lebhafte Befürworter des Montabertschen Verfahrens, das er für identisch mit jenem der Alten erklärt, selbst zu (Arch. polych. p. 703, 758). Er hält indessen den hier und da schon laut gewordenen Zweifel, dass in der ersten von Plinius

wenn sie mit kaltem flüssigem Wachs und mit dem Pinsel gemalt hätten! Hierin liegt ein Beweis mehr dafür, dass das alte Verfahren ein von dem modernen grundverschiedenes war. Denkt man sich die Farben in der von mir angenommenen festen, aber nicht ganz harten Beschaffenheit, so passt dies auch offenbar besser auf die Malkasten mit vielen Abtheilungen oder Fächern, in welchen, laut Varro [60], Pausias und die Enkausten überhaupt ihre farbigen Wachspasten hatten, als auf halbflüssige, durch ätherische Oele aufgelöste Wachsfarben, die man in kleinen Gefässen, nicht aber in solchen Fächern hätte halten können. Solcher Farben bedarf man nur wenige, weil man sie leicht vermischen kann; jene festeren Farben aber müssen vorher in vielen Tönen vorbereitet und fertig sein, und dass die Maler sehr viele und verschiedene solcher Farben in ihren Kasten vor sich stehen hatten, wenn sie z. B. Portraits malten, wozu diese Malerei nach den vorhandenen Zeugnissen vielfach diente [61], dies wird in einer Stelle des Seneca [62] ganz besonders betont.

Das Instrument zum Einbrennen der Wachsfarben wird in dem Corpus Juris *Cauterium* genannt. Aus Vitruv [63] sehen wir, dass das, bei der später noch zu erwähnenden Kausis, zu ähnlichem Zwecke gebrauchte Instrument ein eisernes Kohlenbecken war. Aus den verschiedenen Stellen des Corpus juris [64] erhellt aber

erwähnten Art der Pinsel nicht das Instrument gewesen sei, nicht für zulässig. Er stützt sich namentlich darauf, dass die an erhaltenen bemalten Fragmenten von alten griechischen Gebäuden durch Faraday und Landerer gemachten Analysen übereinstimmend das Vorhandensein des Wachses in denselben nachgewiesen haben, und dass ihn eigne Versuche überzeugt hätten, dass es zu schwierig sei, solche Ornamente mit heissem geschmolzenem Wachse auszuführen; dass dieselben folglich mit kalt aufgelöstem Wachs gemalt worden sein müssten. Hittorf lässt sich zu diesem Schluss durch seine Vorliebe für das in der That empfehlenswerthe Montabert sche Verfahren verleiten. Die Schwierigkeit, die Farben warm zu erhalten und den Stein vermittelst einer Kohlenpfanne vorher zu erwärmen, betrachte ich aber da, wo es sich nur um einfache Localtöne mit derselben Farbe handelt, nur als eine Unbequemlichkeit, die sich durch zwei Gehülfen sehr leicht beseitigen lässt. Sie bestanden theilweise auch bei der Schiffsmalerei und scheinen nur uns wesentlich, weil wir an die bequemere Oelmalerei gewöhnt sind.

60) VARRO de r. rust. III, 17: *Pausias et caeteri pictores ejusdem generis loculatas magnas habent arculas, ubi discolores sunt cerae.*

61) PLIN. XXI, 85: *cariosque in colores pigmentis traditur (cera) ad edendas similitudines.* Siehe auch oben p. 14 Note 11.

62) SENECA Epist. 121: *pictor colores quos ad reddendam similitudinem multos variosque ante se posuit, celerrime denotat, et inter ceram opusque facili cultu ac manu commeat.*

63) VITRUV l. VII, c. IX, 3.

64) Digest. de fundo instructo §. 17. — MARTIANUS l. XVII.

aufs deutlichste, dass dieselben sich mehr auf die Anstreicherei mit heissen aufgetragenen Wachsfarben, also auch auf das Einbrennen solcher beziehen, weniger auf die eigentliche Malerei: die angeführten Mischgefässe und Pinsel bestätigen das; beide waren bei den festen Farben und bei dem Gebrauch des Cestrums nicht nöthig. Hier war also das eiserne Kohlenbecken jedenfalls das zweckmässigste, und der Ausdruck Cauterium für dasselbe kann nicht angezweifelt werden [65]. Dass für kleine Bilder ein anderes Instrument zweckmässiger sein musste, ist einleuchtend. Als solches betrachtet Welcker, wie bereits erwähnt, einen eisernen Stab, der glühend gemacht wurde, und stützt sich dabei auf eine Stelle des Plutarch [66], in welcher dieser angeglühte Stab, das *Rhabdion*, als Malerwerkzeug genannt wird, und auf eine Glosse des Timaeus [67] zu einer Stelle des Plato [68]. Aus dieser Glosse aber glaubt Letronne schliessen zu müssen, dass das Rhabdion ein Pinsel sei, insbesondere weil er sich keine Vorstellung von dem Gebrauch eines solchen angeglühten Stäbchens machen kann [69]: hätte er gesehen, wie sich die Marmorarbeiter in Rom eines sol-

---

Pictoris instrumento legato, cerae, colores, similiaque horum legato cedunt: item penicoli, canteria, et conclave. Cool. Rhodig. antiquar. lect. l. VII. c. 31. *Sunt et sua pictoribus cauteria, in ea pingendi ratione quam vocant encausticen: latine inustariam dicimus; coloribus inustis et ceris igne resolutis.* JULIUS PAULUS 3. Sext. 6. *Instrumento pictoris legato colores, penicilli, cauteria et temperandorum colorum vasa debebantur.*

65) WELCKER kl. Schriften III p. 420 Note ** bezweifelt es, weil auch das Eisen zum Einbrennen in die Haut Cauterium genannt wurde. Das Eine schliesst aber das Andere nicht aus.

66) PLUTARCH, de ser. num. vind. c. 22: καί τι ῥαβδίον, ὥσπερ οἱ ζωγράφοι, διάπυρον προσάγειν.

67) Lex. Timaei p. 276: zu χραίνειν ἤγουν ἀποχραίνειν· τὸ χρώζειν παρὰ τοῖς ζωγράφοις δὲ λέγεται τὸ μὲν χραίνειν, τὸ χρώζειν διὰ τοῦ ῥαβδίου. Hier muss unter χραίνειν und ἀποχραίνειν ein mit dem Rhabdion über den Farben hin leichtes Ab- und Zufahren gedacht werden, wodurch einheitliche Wirkung erzielt werden sollte (V. Steph. Thesaurus Graec. Ling.: χραίνω: *propria verbi significatio est, ut observavit* Porson. ad Eurip. Or. 909 *rei cujusquam superficiem leviter rado vel attingo*; nach Timaeus hat χρώζειν, ausser welchem wir bei Pollux (VII, 129), noch ἐπιχρώζειν und ἀποχρώζειν finden, die gleiche Bedeutung. Indessen scheint es mir gewiss, dass die alten Künstler selbst zwischen diesen Worten, die scheinbar alle das gleiche bedeuten, Unterschiede machten, die Timaeus als Nichttechniker selbst nicht so genau kannte.

68) Legg. VI, p. 769: Plato drückt hier mit χραίνειν und ἀποχραίνειν nur ganz allgemein ein Ab- und Zugeben aus, denn er fügt hinzu: »oder mit welchem Namen die Maler es sonst benennen mögen.« Daher die Glosse des Timaeus.

69) Lett. d. ant. p. 385 u. p. 411: *J'ai montré que l'emploi de cette verge chauffée pour la peinture encaustique est une pure chimère!*

eben Stabes; den sie immer in einer Kohlenpfanne heiss erhalten. bedienen, um bei dem Poliren des Marmors das Wachs in denselben einzuschmelzen, so würde ihm die Sache klar geworden sein. Ich halte Welckers scharfsinnige Erklärung des Rhabdions für richtig, seine Anschauung über die Anwendung desselben aber für zu theoretisch. Praktische Versuche würden ihm gezeigt haben, dass sich dieselbe darauf beschränken muss, die trocken aufgetragenen und daher unebenen, mehr oder weniger impastirten Farben nur materiell zu verschmelzen: der eigentliche Schmelz, die Harmonie der Farben konnte, wie in jeder andern Malerei auch, nur durch das richtige, bewusste Aneinanderreihen der gebrochenen und ungebrochenen Farbtöne hervorgebracht werden. Ganz überflüssig würde das Rhabdion aber gewesen sein, wenn man sich, wie Welcker meint, des Pinsels und halbflüssiger Farben bedient hätte, mit welchen man dies alles leichter und schöner ohne Einbrennen ausführt, wie ich schon gezeigt habe. Trotzdem aber bleibt die Beziehung auf die oben angeführten Stellen (Vgl. Note 66, 67, 68) richtig: es liegt in der Natur dieser Technik, dass man einzelne Theile der Bilder, um ihre Wirkung beurtheilen zu können, vor der Vollendung des Ganzen einschmolz, und, war dieselbe unbefriedigend, Farbe wieder hinwegnahm, oder andre darübertrug und von neuem einschmolz.

Es ist auffallend, dass Pollux bei der Aufzählung der auf die enkaustische Malerei bezüglichen Dinge [70] keines Instrumentes zum Einbrennen erwähnt. Diese vielfach unrichtig gedeutete Stelle wird nach Feststellung obiger Resultate klar und deutlich werden. Pollux führt zuerst (126 u. 127) ganz im allgemeinen die verschiedenen Bezeichnungen des Zeichnens [71], des Malens, des Gemalten und des Malers an. Sodann die Instrumente und Ingredienzen, und zwar eben so allgemein, sowohl für Tempera als Enkaustik (127 u. 129): den Pinsel, den Spatel oder Centrum [72],

[70] Jul. Pollux. Ed. Becker VII, 126 – 129. — Welcker übergeht diese interessante Stelle ganz mit Stillschweigen.
[71] Siehe folgende Note.
[72] γραφίς und ὑπογραφίς. Hemsterhuis übersetzt γραφίς mit *Stylus*, und ὑπογραφίς mit *penicillus* (dies letztere auch bei Steph. Th. Gr. L.; auch R.-Rochette, p. ant. in. p. 24), beides offenbar falsch. Das Capitel beginnt: καὶ μὴν καὶ γραφικὴ τέχνη; dies übersetzt Hemsterh. mit *Scribendi ars*, hier offenbar wieder falsch; es ist die Kunst des Zeichnens darunter zu verstehen und γραφικός kein *Scriptor*, sondern ein Zeichner. Γραφίς ist also hier zuvörderst der Stift, eine Spitze zum Zeichnen, und übertragen auch eine Spitze oder ein Pinsel zum Zeichnen und Malen. Dies ist für unsere Begriffe etwas befremdlich, indessen nicht mehr, als dass man im Griechischen den, der Gestalten mit dem γραφίς darstellt oder zeichnet, ζωγράφος Maler nennt, und ζωγραφεῖν malen. Wenn nun γραφίς Pinsel ist, so kann ὑπογραφίς nicht dasselbe

die Holztafeln, die kleineren Tafeln; sodann das Wachs, die ernsten, natürlichen Erdfarben; die chemischen oder künstlichen Farben; die muntern, brillanten Farben[73]. Nun kommen die Verrichtungen: das Wachs erweichen, vermischen (mit Farbenpulver), zusammenschmelzen[74]; die Farben untereinander, durcheinander, zusammenmischen[75]; hierauf folgt das Ziehen des Umrisses, Anlegen und Verstärken der Schattirungen, das Stimmen, Vereinigen der Töne[76], und das Hinzufügen einzelner lebhafterer Farben. Auch wird noch die dreifüssige Staffelei (ὀκρίβας, κιλλίβας) und das Namenverzeichniss der einzelnen Farben aufgeführt, in welchem die drei oben genannten Farbengattungen vertreten sind.

Ich glaube das Wesen der ersten Art der enkaustischen Malerei genügend beleuchtet, und dargethan zu haben, dass in ihr **nicht der Pinsel, sondern der Spatel**, das Cestrum, gebraucht wurde. Es ist unter den alten erhaltenen Gemälden **kein einziges**, in welchem nicht die sichtbarsten Pinselspuren sind; dies würde allein schon beweisen, dass uns unter denselben

---

sein. Pollux nennt aber den ὑπογραφίς sowohl zwischen den ärztlichen (Lib. IV, 181) als auch zwischen den chirurgischen Lib. X, 149) Instrumenten; und hier sah auch Hemsterhuis ein, dass damit keine Pinselgattung gemeint sein könne und übersetzt einmal *sector*, das andre mal *spathula* und hier offenbar richtig, wie oben auf p. 16 Fig. 4ª u. 4ᵇ, der Sammlung antiker chirurgischer Instrumente im Mus. naz. entnommen, bezeugen. Wir werden also auch hier wieder auf das Instrument hingeführt, als welches ich das *Cestrum* oder *Viriculum* erkannt habe. Ὑπογραφίς **ist also ohne Zweifel das gleiche Instrument, d. h. ein** γραφίς **oder spitzer Stift, an dessen unterem Ende sich ein Spatel von lanzettartiger Form befindet.**

73) Ich erkenne in der Reihenfolge: χρώματα, φάρμακα, ἄνθη, dieselbe Eintheilung der Farben wieder, die Plin. XXXV, 30 anführt: *Sunt autem colores austeri aut floridi. Utrumque natura aut mixtura evenit*, und es kann keinem Zweifel unterliegen, dass die Auffassung von φάρμακα als *drogues ou substances résineuses*, um sie den Wachsfarben beizumischen, wie Eméric-David (Discours historiques p. 170, 27) das Wort erklärte, vollständig irrig ist. R.-Rochette wiederholt dies nach ihm (peint. ant. inéd. p. 24; ebenso de Montabert (Traité compl. d. peint.), und Hittorf (p. 718) betrachtet es als eine ausgemachte Sache, immer unter dem Einfluss des Lieblingsgedankens, dass die alte Enkaustik mit Farben, die durch ätherische Oele aufgelöst und mit Harz versetzt gewesen seien, ausgeführt worden sein müsse. Dass φάρμακα aber wirkliche Farben sind, ergiebt sich auch aus Plato Polit. p. 277 C, der es mit χρώματα zusammengebracht, und aus Aesch. fragm. 137: πάζα λυθέντων φαρμάκων πόνος, wo es sogar nur allein für Farbe gebraucht wird. Vgl. auch Herodot I. 98.

74) ἱερὸν τίξασθαι, μίξασθαι, χέασθαι.
75) χρώματα κεράσασθαι, συμμίξασθαι, συγχέασθαι.
76) χρῶσαι, ἐπιχρῶσαι, ἀποχρῶσαι (vergl. Note 67).

kein enkaustisches Gemälde erhalten ist [77]). Die chemische Analyse stimmt hiermit, wie ich später zeigen werde, überein.

Von der zweiten Art auf Elfenbein wurde in Pompeji nur ein vereinzeltes Beispiel, dünne Elfenbeinplatten mit Verzierungen und einigen ägyptischen Figuren bemalt, die einem zerstörten Gegenstand angeheftet gewesen waren, aufgefunden. Sie verschwanden aber eben so schnell wieder, indem sie von dem bei der Ausgrabung anwesenden Prinzen von Capua einer englischen Dame geschenkt und seitdem nicht wieder aufgefunden wurden [78]). Doch geben die fünf colorirten Theile eines kleinen antiken Elfenbeinkoffers im British Museum, ein deutliches Bild [79]) jener zweiten Art. An ihnen ist noch mehr Farbe erhalten als an zwei Medaillons aus Elfenbein, von welchen sich das eine in dem Preziosenkabinet [80]) der vatikanischen Bibliothek, das andere unter den altchristlichen Gegenständen daselbst [81]) befindet. Die

---

[77] Welcker, der in einer Gruppe auf einer der Wände des Pantheons in Pompeji N. 1957) eine Darstellung der enkaustischen Malerei sehen wollte, ist durch eine unrichtige Zeichnung von Zahn (Taf. 98) irre geführt worden. Ich habe das Bild daraufhin genau betrachtet. Der geflügelte Genius hält in seiner Linken nicht eine Palette, sondern eine flache Schüssel; was Zahn für Pinsel hielt, sind einige zufällige Kratzer in der Wand, und was er für den durchgesteckten Daumen hielt, ist eine der Früchte, die auf dem Teller liegen. In der andern Hand hält dieselbe Figur einen kleinen tragbaren Altar, auf welchen die hintere Figur ein Weihrauch-Korn legt. Der Stab, den die hintere Figur hält, ist somit auch nicht das Rhabdion. Vergl. Welcker, kl. Schr. Bd. III p. 426.) Dieser Irrthum Welcker's hat sich fortgepflanzt in Overbeck's Pompeji (1. Ed. p. 391) und neuerdings in Otto Jahns: über Darstellungen des Handwerks- und Handelsverkehrs auf antiken Wandgemälden in den Abh. der sächs. Ges. d. Wiss. V p. 300. Note 151.

[78] Vgl. Bull. d. Jnst. Arch. Marzo 1835 p. 38, 39 u. R.-Rochette, peint. ant. inéd. p. 378.

[79] Vgl. Révue archéolog. T. II. Paris 1845: de la peinture encaust. d. anciens, par M. E. Cartier, wo dieselben abgebildet sind.

[80] Im ersten Schranke links auf dem rechten Thürflügel befestigt. Es stellt eine sitzende, männliche Figur mit einem Pergament in der linken Hand vor; zur rechten Seite derselben steht eine tragische Maske auf einem mit einem Teppich bedeckten Tisch; der hinter der Figur aufgespannte Teppich und jener auf dem Tisch sind mit kleinen Perlmutterpunkten eingelegt, von welchen nur einige wenige noch erhalten sind. Von Farbe ist jedoch höchstens an einer Stelle, aber auch da nur eine Spur erhalten! Die Arbeit ist offenbar eine byzantinische, oder sehr spät römische.

[81] Im zweitletzten Glaskasten in dem Saale vor dem der Papiri. Elfenbeinmedaillon ungefähr von der halben Grösse des vorhergehenden, das Brustbild Christi oder eines Apostels darstellend. Hier sind aber die Gewänder glatt, nur mit gravirter Zeichnung. Rothe Farbe ist in den Verzierungen des umgebenden Randes erhalten. Es scheint kaum einer spätern Periode als das erstere anzugehören.

Behandlung ist an allen dieselbe. Die Umrisse sind eingravirt, wozu der spitze Theil des Cestrums dienen mochte; in den Gewändern sind die tieferen beschatteten Theile zuweilen etwas tiefer ausgehöhlt, die Lichttheile aber liegen im Niveau der Platte. Hierauf wurden die Farben mit dem **Spatel des Cestrums** sorgfältig aufgetragen, und mit dem **Rhabdion** eingebrannt. So haben wir uns die auf Elfenbein mit dem Cestrum ausgeführten Portraits der Jaia von Cyzicus zu denken, nur etwas schöner als die angeführten Beispiele. Wie das Elfenbein so wurden auch Hornplatten zu Malereien mit dem Cestrum benutzt [82].

Mit den besprochenen drei Arten der enkaustischen Malerei darf die sogenannte **Kausis** nicht verwechselt werden. Sie wird von **Plinius** XXXIII, 118 ff. und **Vitruv** l. VII c. IX 3 sehr genau beschrieben und hängt nur mit der Anwendung des Zinnobers zusammen, der, wenn er, ohne ein öliges Bindemittel, nur als Wasserfarbe auf Kalkwänden an Orten [83] angewendet wird, an welchen er den Strahlen der Sonne ausgesetzt ist, eine chemische Zersetzung erleidet, die ihn in ein stumpfes Violettgrau oder in vollständiges Schwarz verwandelt. Um dies zu verhindern löste man punisches, d. h. gebleichtes Wachs, unter Hinzufügung von etwas Oel über dem Feuer auf, trug es heiss mit dem Pinsel auf die betreffenden Stellen auf, und schmolz diesen Anstrich durch ein vor der Wand hin und her geführtes eisernes Kohlenbecken (*carbonibus in ferreo vase compositis*) nochmals ein, damit seine Oberfläche gleichmässig wurde (*ut peraequetur*). Hierauf rollte man nochmals Wachskerzen über die Stellen, und rieb sie zuletzt mit reinen leinenen Tüchern ab, wie auch bei nackten Theilen an Marmor-Statuen verfuhr (*uti signa marmorea nuda curantur*). Dass dieses Verfahren in Pompeji in bedeckten Räumen nicht angewendet wurde, davon kann man sich dort leicht überzeugen: denn wo immer bei neu ausgegrabenen Wänden der Zinnober von den Sonnenstrahlen getroffen wird, da verändert er sehr rasch seine Farbe. In dem neuest aufgedeckten Hause im Vicolo del panattiere, der casa di Teseo [84], sah ich wie dies auf den Wänden des Peristyles schon eingetreten war, während die Farbe in der Nische rechts, so weit der Schlagschatten derselben hinabreichte, noch vollkommen schön und brillant war. Da die Wände in Pom-

---

82) PLIN. XI, 126: *Urorum cornibus . . . . . nunc quae cestrota picturae genere dicuntur.*
83) Wie zuweilen in Pompeji in offnen Peristylen und Exedren.
84) Von Strada di Stabiae kommend die erste Thüre links; das Haus hat noch keinen Namen und da ich es noch öfters nennen muss, so nenne ich es nach einem darin gefundenen Bilde des Theseus, als Besieger des Minotaurus, casa di Teseo.

peji alle durch und durch nass an das Tageslicht treten, und man den schützenden Ueberzug aus Wachs und Terpentin nicht vor vollständiger Trocknung über dieselben legen kann, so verwandelt sich fast aller Zinnober bis zu diesem Zeitpunkt in der geschilderten Weise und man findet heute kaum ein Stückchen erhaltener Zinnoberfarbe [85]). Hieraus ergibt sich, dass man dieses schützende, aber immerhin kostspielige Verfahren, in Pompeji umging, und den Zinnober an unbeschatteten Theilen nicht oder nur wenig verwendete; um so weniger wird man ganze Wände, an welchen sich nur einige Streifen Zinnober befanden mit Wachs überzogen haben, wie Einige schliessen zu dürfen glaubten [86], da Plinius, von dem Wachse handelnd, sagt [87], dass es auch zum Schutze der Wände und Waffen gebraucht werde. Auch bedurften die Wände eines solchen Mittels nicht, um sie glänzend erscheinen zu lassen; diese Eigenschaft erhielten sie schon durch die schöne Bereitung ihrer Stuccoüberzüge, von welchen ich später reden werde, und von welchen Vitruv sagt [88] : »dass sie nicht nur glänzend seien, sondern sogar die Spiegelbilder der sie Betrachtenden zurückwürfen.«

Die Kausis darf auch nicht als ein über die auf solchen Wänden, oder auch auf Tafeln, befindlichen Leim- oder Temperafarbenmalereien gelegter Firniss betrachtet werden, wie Letronne [89]) und Andere sie auffassen. Praktische Versuche würden sie von der Unhaltbarkeit dieser Ansicht überzeugt haben, denn das heiss aufgestrichene und eingebrannte Wachs, namentlich wenn es mit Oel vermischt ist, bringt bei Leimfarben ein solches Dunkelwerden aller Farben hervor, dass der ursprüngliche Ton derselben kaum mehr zu erkennen ist; bei einer starken Eitempera ist dies zwar weniger der Fall, aber immerhin da, wo die Farbe etwas weniger Bindemittel hat, so bedeutend, dass die Harmonie eines Bildes dadurch vollständig aufgehoben werden kann. Nur die Frescofarbe, die, wie ich im folgenden Abschnitt zeigen werde, durch einen krystallartigen Ueberzug geschützt ist, erleidet keine Veränderung dadurch. Der Gedanke an einen solchen Firniss bei antiken Temperabildern muss also ganz wegfallen. Die

---

85) Ich besitze ein Stück alten Bewurfs aus den Ruinen des Palatins, an welchem die Zinnober-Farbe vollkommen erhalten, und an welchem noch deutlich der Wachsüberzug erkennbar ist; ein leichtes Reiben macht die Oberfläche glänzend.
86) So Requeno, Saggi etc. 2. Ediz. p. 199 und Letronne, Lett. d'un ant. p. 398.
87) Plin. XXI, 85 : *parietum etiam et armorum tutelam*.
88) Vitr. l. VII, c. III 10: *non modo sunt nitentia, sed etiam imagines expressas aspicientibus ex eo opere remittunt*.
89) Lettr. d'un antiq. p. 397 u. 398.

Veränderung dagegen, welche dieselben durch einen kalt aufgetragenen Firniss von Wachs in Terpentinöl oder hellem Harz in Spiritus aufgelöst erleiden, ist sehr gering, vorausgesetzt, dass in ihnen ein metallisches Weiss, und keine Kreide- oder Thonerde verwendet worden ist. Ich habe aber schon gezeigt, dass die Alten jene Produkte der nassen Destillation nicht bereiteten, so wenig wie die trocknenden Lein- und Mohnöle, und dass sie von dem trocknenden Nussöl keinen Gebrauch machten, in welchem sie doch Harze zu Firnissen hätten auflösen können, wenn dieselben auch weniger gut sind, als Terpentinfirnisse [90].

Das Atramentum, oder der feine schwarze Ton, mit welchem

---

[90] Was ich in Note 58 sagte, finde ich durch Folgendes bestätigt: Die älteste Nachricht über die Bereitung eines Oel- und Harzfirnisses finde ich in Theophilus Presbyter c. XXI. Das Alter dieses Manuscriptes ist von Lessing willkührlich ins 10. Jahrh. gesetzt worden. Es gehört nach den sehr verständigen Untersuchungen von Guichard (in der Einleitung zur Ausgabe des Theophilus von Charles de l'Escalopier, Paris 1843) frühestens dem 12. Jahrh. an, und stammt aus Deutschland. Von da geht auch der Gebrauch des Leinöles aus, und der Firniss des Theophilus besteht aus gekochtem Leinöl mit Mastix zusammengeschmolzen. Das im Alterthum in den südlichen Ländern gebräuchliche Olivenöl kann zu diesem Zwecke nicht dienen, weil es nicht trocknet. Von dem Gebrauch des Terpentinöles ist auch hier bei Theophilus noch nicht die Rede. Weitere Nachrichten finde ich in dem Handbuch der Malerei vom Berge Athos (aus dem handschriftlichen neugriechischen Urtexte übersetzt mit Anmerk. v. Didron d. Aelt. u. eignen von Godeh. Schäfer Trier 1855) in den Recepten des Mönchs Dionysius. Dieses Manuscript, im 13. Jahrh. verfasst, ist indessen bis in das 16. Jahrh. durch Zusätze bereichert worden; italienische, deutsche, türkische Ausdrücke bezeugen die Herkunft einzelner Recepte und Ingredienzen. § 29, 30, 31, 32 wird dieselbe Oelfirniss-Bereitung geschildert wie bei Theophilus: gekochtes Leinöl wird mit geschmolzenem Tannen-, Mastix- und Sautelbaumharz vermischt. Mit diesem Firniss ist ein grosser Theil der älteren byzantinischen Bilder, wie auch der russischen, gefirnisst, und daher ist das dunkle, braune Aussehen derselben zu erklären; einige mögen auch nur mit gekochtem Leinöl allein gefirnisst sein. Selbst aus den Schilderungen des Cennino Cennini c. CLV ergibt sich, dass noch am Ende des 14. Jahrh. nur Firniss aus Leinöl und hellem Harz gebraucht wurde; dies beweist das langsame Trocknen desselben, und das Auftragen mit dem Ballen der Hand; also auch hier noch keine Terpentinöl- oder Spiritus-Anwendung. In § 33 dagegen finde ich zum ersten Male ein ätherisches Oel, νέφτου, verwendet, um in demselben Sandarachharz zu einem Firniss aufzulösen. Hierunter ist aber nicht Naphta zu verstehen, wie Schäfer übersetzt, sondern Terpentinöl, welches von den Neugriechen so genannt wird, wie ich dies aus dem Munde griechischer Künstler weiss. Auch wären die geschilderten Operationen über dem Feuer mit Naphta zu gefährlich. Jedenfalls sehen wir aber in dieser Technik ein neues Element auftauchen, was der alten fehlte. Dies wiederholt sich bei dem § 35 geschilderten Spiritusfirniss aus Raki und Sandarac. Hier weist schon das türkische Wort auf eine

laut Plinius⁹¹), Apelles seine Bilder nach deren Vollendung überzog, sie dadurch vor Staub schützte und die allzulebhaften Farben sanft brach, etwas worin ihn seine Kunstgenossen nicht nachahmen konnten, muss, nach der erstgenannten Eigenschaft zu urtheilen, allerdings eine Art Firniss gewesen sein. Welcher Art aber bleibt freilich zweifelhaft. Die bei Tempera anwendbaren Schutzmittel eines Eiweissfirnisses oder der Gummi-, Leim- oder Stärkmehllösungen waren zu naheliegend, als dass sie nicht in dem Besitz von Jedem hätten sein müssen, wie auch die mit Lauge bereitete milchartige Auflösung des Wachses, die zwar nicht zum Malen — denn sie sieht vor der Polirung oder Frottirung immer schimmlig aus und lässt keinen Farbton erkennen — aber als Ueberzug zu brauchen ist und, frottirt, eine Art Firniss abgeben kann, wenn auch wegen ihrer seifigen Natur nur einen sehr mittelmässigen ⁹²). John glaubt ⁹³), des Apelles

spätere Zeit hin. Wir sehen also hier zwei Produkte der nassen Destillation zu Firnissen verwendet, die die Alten nicht haben konuten, da ihnen die Produkte fehlten. Wie das Manuscript den Branntwein mit dem türkischen Wort Raki benennt, so hat es für das Leinöl den Ausdruck λινέλι, eine Form, welche der deutschen näher als der griechischen zu stehen und auf die Importirung oder Heimath dieses Produktes hinzuweisen scheint die gleiche Erscheinung sehen wir bei Cennini, der es olio di Linseme nennt, und hinzufügt, dass die Deutschen dieses Oel zum Malen viel benutzten (c. XCVIII u. LXXXIX). Vorzugsweise aber wird in dem Manuscript der türkische Ausdruck für Leinöl πεζίρι gebraucht. Auch ein aus Deutschland stammender goldgelber Firniss wird erwähnt: ἀλαμάνικην γόλτζαρμπε, d. i. Goldfarbe, χρῶμα χρυσῶν (§ 35).

91) PLIN. XXXV 97. *Unum imitari nemo potuit quod absoluta opera atramento illinebat ita tenui ut id ipsum repercussu claritatis colorem alium excitaret custodiretque a pulvere et sordibus . . . . . et eadem res nimis floridis coloribus austeritatem occulte daret.*

92) Dass die Alten das Natron als Mittel zur Verseifung fetter Substanzen kannten geht aus Columella, de re rust. L. XII, c. 50 hervor: *itaque nitrum torretur et contritum inspergitur et commiscetur; ea res eliquat amurcam.* Auch der Mönch Dionysius gibt ein Recept an, Leim, Lauge und Wachs auf dem Feuer zu kochen, um Glanzfarbe zu streichen, die man nicht zu firnissen, sondern nur zu poliren brauche § 37). Es erscheint mir sehr wahrscheinlich, dass das Wachs, welches Dr. Giuseppe Bcanchi an Bildern italiänisch-byzantinischen Ursprungs aus dem 13. Jahrh. nachwiess (vgl. MORRONA, Pisa illustrata, T. II, Ed. sec. Cap. IV, § 3), nur von einem solchen Firniss herrührte, denn die enkaustische Malerei war lange untergegangen, und war auch, wie ich gezeigt habe, keine Pinselmalerei.

93) JOHN, M. d. Alten, p. 149 u. 150. Vgl. Plin. XXXV 178; das *bitumen*, mit welchem die Alten Statuen färbten (*diximus et tingi solitas ex eo statuas et illini*), war entweder natürlich flüssiger Asphalt (*est vero liquidum bitumen, sicut Zacynthium et quod a Babylone invehitur*) oder geschmolzener. Es leuchtet ein, dass derselbe wohl zum Marmorfärben, nicht aber auf Temperafarben als Lasur dienen konnte.

Atramentum könne eine Auflösung von hellem oder dunklem Harze oder Asphalt in Terpentinöl oder Naphta gewesen sein. Abgesehen aber davon, dass ich dem Apelles mehr guten Geschmack zutraue, als dass er mit einer Asphaltsauce seine Temperamalereien überzogen haben sollte, so kannten oder benutzten offenbar die Alten jene letzteren Ingredienzen nicht; es müsste denn gerade in der Entdeckung der Nützlichkeit derselben und ihrer Bereitung zum Zwecke von Harzauflösungen das Geheimniss des Apelles gelegen haben, was mit seinem Tode wieder verloren gegangen wäre. Dies ist aber höchst unwahrscheinlich und der Gedanke, dass Apelles etwas auf die Dauer verheimlicht haben sollte, was der Kunst von Nutzen hätte sein können, ist eines Künstlers, wie Apelles war, unwürdig. Die Beschreibung des Plinius aber legt den Gedanken nahe, dass Apelles entweder in diesen Firniss etwas Schwarz gemischt, oder auch vielleicht über oder unter denselben eine die Farben brechende Lasur gelegt habe. Doch sind dies alles so einfache Dinge, dass kaum zu glauben ist, dass seine Kunstgenossen sie nicht auch leicht hätten finden oder ihm absehen können. Sein feineres, coloristisches Talent aber konnten sie sich nicht aneignen und was Plinius und Andere in dieser Hinsicht als die Wirkung eines Firnisses betrachteten, mochte nur die Wirkung seiner höheren malerischen Anschauung der Natur sein, die ihn lehrte seine Farbtöne in ein sanftes, harmonisches Grau zu brechen. Bei ihm, dem Erfinder des Elfenbeinschwarzes, liegt dieser Gedanke um so näher.

III.
Die moderne Fresco- und Temperamalerei.

Um den Leser in den Stand zu setzen selbst über die Gründe urtheilen zu können, die mich zu den in der Einleitung ausgesprochenen Ansichten bestimmten, muss ich, bevor ich zu deren Entwicklung schreite, eine Schilderung der modernen Fresco- und Temperamalerei, der Bedingungen, die sie vorschreiben, und der Folgen, die aus denselben entspringen, vorausschicken [94].

A fresco malen nennt man das Malen auf den nassen, frischen Mauerbewurf. Zu diesem Zwecke wird die Mauer zuerst mit grobem Sandmörtel dünn angeworfen oder berappt. Nach gänzlicher

---

[94] Auf kleine Abweichungen in dem Verfahren bei verschiedenen Künstlern, so wesentlich sie auch für den praktisch Ausführenden sind, hier einzugehen, würde mich zu weit führen. Im allgemeinen verfährt man aber in Italien wie in Deutschland auf die gleiche Weise.

Trocknung wird diese Berappung aufgekratzt, benetzt und mit etwas weniger grobem Sandmörtel in der Dicke von 0,02 beworfen. Auch diese Schicht lässt man ganz trocknen, reibt sie alsdann mit dem Reibebrett wieder auf und netzt sie tüchtig ein, bevor man den letzten Verputz, den eigentlichen Frescogrund aufträgt, der die Dicke von 0,01 nicht überschreiten darf, wenn man sich nicht einem unfehlbaren Reissen dieses lockeren Mörtels bei dem Auftrocknen desselben aussetzen will; er wird nicht mit der Kelle geglättet, sondern nur mit dem Reibebrett, damit er ein rauhes Korn behält. Wir haben also im Ganzen eine Bewurfsdicke von 0,03 circa. Einige lassen die obere Schicht auch in zwei getrennten Lagen auftragen, die letzte [95] jedoch nie früher als am Morgen desselben Tages, an welchem der Maler seine Arbeit beginnen will. Da die Frische dieser Rinde die unumgängliche Bedingung ist, um eine haltbare Malerei hervorzubringen, wovon ich den Grund weiter unten angeben werde, so lässt man jeden Morgen kein grösseres Stück derselben von dem Maurer antragen, als man an demselben Tage vollenden zu können glaubt: und zwar muss es so eingerichtet werden, dass man seine Malerei gerade bis zu dem Umriss des nächsten daran grenzenden Gegenstandes im Bilde führt, so z. B. bei einer halbbekleideten Figur die Fleischtheile bis an die Grenze des Gewandes, oder auch bis in eine tiefere Falte desselben; in letzterem Falle würde man sich aber der Gefahr aussetzen am folgenden Tage nicht mehr genau die Töne zu treffen, mit welchen man das Gewand begonnen hat, da sich im Auftrocknen die Farben ändern, theils in ihrer Höhe oder Tiefe, theils in ihren Nüancirungen. Ich hebe dies hier hervor, weil sich dieser Umstand später als wichtig für unsern Zweck herausstellen wird. Was an Frescogrund zu viel aufgetragen war, das schneidet der Künstler am Abend, mit scharfem Messer längs der Umrisse des gemalten Stückes hinfahrend, weg. Dieser Schnitt darf nicht im rechten, sondern muss im stumpfen Winkel (siehe Fig. 5) gegen die Mauerfläche geführt werden, damit das neue Stück des Bewurfes, welches der Maurer am folgenden Morgen an das bereits Gemalte geschickt und sauber anfügen muss, sich leichter mit demselben verbinde, und damit nicht bei zu starkem Eintrocknen oder bei einer leichten Senkung der Mauer ein klaffender Riss an dieser Fuge sich bilde.

Fig. 5.

Da also, um stets auf frischen, nassen Grund — *a fresco* — malen zu können, jeden Morgen ein neues Stück des Bewurfes an passenden Umrissen angesetzt werden muss, so besteht ein mo-

---

[95] Die Italiäner nennen dieselbe »la colla«.

dernes Frescobild aus einer Menge einzelner Ausschnitte nach Art der bunten mittelalterlichen Glasfenster. Je geschickter der Maurer ist, um so weniger wird er die Ansatzfugen bemerkbar erscheinen lassen: aber auch dem Geschicktesten wird es kaum möglich sein alle diese Stücke in dasselbe Niveau zu bringen, da ihm die Unregelmässigkeiten der Ausschnitte und die nothwendige Schonung des bereits Gemalten stets Hindernisse in der freien Bewegung seines Reibbrettes sind. Die Folge davon ist, dass der Staub sich stets auf die hervorstehenden Theile niedersenkt, und in der, in der Bildfläche hierdurch hervorgebrachten unangenehmen Wirkung liegt ein entschiedener Mangel unseres modernen Frescoverfahrens. Hierzu gesellt sich noch ein andrer, insbesondere unserem modernen Fresco eigenthümlicher, Missstand. Um nämlich durch Suchen und Feststellen der Zeichnung auf dem Bilde selbst nichts von der bei der Fresco-Malerei so kostbaren Zeit zu verlieren, so zeichnet man die Umrisse zuvor fertig auf Papier, befestigt dasselbe, nachdem man es zuvor geölt hat, auf der Wand und drückt vermittelst eines beinernen Stiftes die Umrisse in den weichen Grund ein [96]. Da man in dem modernen Fresco die Farben meist dünn aufträgt, so werden diese Furchen durch die Farbe nicht wieder ausgefüllt, auch in sie setzt sich der Staub hinein, und wie unangenehm dies im Vereine mit dem oben erwähnten Missstande wirkt, kann man an vielen mittelalterlichen und neuen Fresken beobachten [97]. Könnte man in der Frescomalerei diese eingedrückten Umrisse, die ein charakteristisches Kennzeichen derselben sind, vermeiden, so würde man es sicher thun.

Der nasse Kalk des frischen Bewurfes gestattet nicht die Anwendung vegetabilischer oder animalischer Farbstoffe, weil sie durch denselben zerstört werden. Das Gleiche findet aber auch bei einigen metallischen Farben, z. B. dem Bleiweiss, statt, und diese Farbe wird in der Frescomalerei durch fein geriebenen Kalk ersetzt. Alle Farben werden nur mit Wasser an-

---

[96] Auf einem trocknen Grunde legt man zu diesem Zwecke ein gefärbtes Papier unter und, indem man die Umrisse mit entsprechendem Drucke nachfährt, drücken sie sich farbig auf demselben ab; dies kann bei der nassen weichen Wand wegbleiben, weil der Druck ohnehin die Umrisse vertieft erscheinen lässt. Auch gibt es noch ein andres Verfahren: die Umrisse werden auf dem Papier mit Nadelstichen durchlöchert, dieses so auf die Wand gelegt und mit Kohlenstaub in einem kleinen Säckchen bepudert. Die hierdurch auf der Wand schwarz erscheinenden punktirten Linien werden alsdann mit dem Pinsel oder dem Stift nachgefahren. Letzteres Verfahren kann man an den Arabesken der Loggien Raphaels deutlich erkennen; doch ist es zeitraubend und wird nur auf sehr weissem Grund hinreichend deutlich.

[97] Daniele da Volterra's Kreuzabnahme in Trinità de Monti in Rom ist ein sprechendes Beispiel hiervon.

Die moderne Fresco- und Temperamalerei. 33

gerieben und bedürfen keines besonderen Bindemittels, sondern haften in Folge eines chemischen Processes auf das festeste an dem Frescogrunde. Dies findet in folgender Weise statt: Durch das Brennen des Kalkes wird alle Kohlensäure aus demselben ausgetrieben; durch das Löschen aber wird er in einen Brei von Kalkhydrat verwandelt. In dieser Form befindet er sich in dem Mörtel und saugt gierig das Wasser, mit welchem die Farben aufgetragen werden, ein. Dieses Wasser, verbunden mit dem schon in dem Bewurf befindlichen, löst einen Theil des Kalkhydrates auf und tritt, alle Farbenschichten durchdringend, nach einiger Zeit wieder an die Oberfläche, wo es aus der atmosphärischen Luft Kohlensäure an sich zieht, sich dadurch wieder in kohlensauren Kalk verwandelt und sich in Gestalt einer schwerlöslichen, dünnen Krystallhaut über die Farben legt, sie derart befestigend und schützend, dass ein Abwaschen ohne Reibung sie nicht beschädigt.

Die Schilderung dieses Prozesses ist allein schon eine Widerlegung jener auf gänzlicher Unkenntniss beruhenden, in Abschnitt I mitgetheilten Ansicht Carcanis, dass die Frescofarben in den Mauerbewurf derart eindrängen, dass sie sich mit ihm gleichsam zu einem einzigen Körper verbänden und nur durch dessen Zerstörung von ihm zu trennen wären. Die genaue Betrachtung eines von einem Frescobilde abgeschlagenen Stückes, muss schon zeigen, dass die Frescofarben nicht tiefer in den nassen Grund eindringen, als jede andere Wasserfarbe, die auf trockenen Grund aufgetragen wird; das Wasser der Farbe dringt allerdings tiefer ein, nicht aber der Farbenkörper. Dieser wird im Gegentheil durchdrungen von der aus dem Bewurf herausdringenden Kalkhydrat-Lösung, die sich nur auf der Oberfläche in die harte Haut von kohlensauren Kalk verwandeln kann; unter derselben ist der Zusammenhang der Farbe mit dem Grunde nur ein schwacher, wovon man sich leicht überzeugen kann, wenn man durch Abschaben oder durch eine Säure diese Krystallhaut zerstört; ja bei einigen Farben reicht hierzu schon ein Reiben mit benetztem Finger hin. Ist dies geschehen, so weicht die Farbe darunter schon dem trocknen Reiben mit dem Finger, noch leichter aber der Nässe und dies wird stets eintreten, wenn durch irgend eine äussere Einwirkung jene Haut verletzt wird. Ich muss dieses Resultat vielfacher wiederholter Versuche und Erfahrungen auf das Nachdrücklichste hier betonen, da es von der grössten Wichtigkeit bei der Beurtheilung der antiken Wandmalereien ist. Die Behauptung, dass die Frescofarbe nur durch Zerstörung des Bewurfes von ihm zu trennen sei, erweist sich also als ebenso unrichtig, wie die erste; und wiederum ebenso unge-

Donner, Wandmalereien. 3

gründet ist die dritte Behauptung, dass ein schichtenweises Abblättern der Farben, wie es sich in Pompeji zeigt, bei Fresco unmöglich sei. Dass man aber verschiedene Schichten von Farben übereinander legen kann, muss Jeder wissen, der diese Technik geübt hat, und ich berufe mich hier neben meinen eignen Erfahrungen [98]) und jenen meiner Kunstgenossen auch auf das gleichlautende Zeugniss eines Praktikers wie Raphael Mengs, der hier als Autorität anerkannt werden muss [99]).

Solche Abblätterungen kann man an vielen nicht als Fresken angezweifelten Werken deutlich sehen. Ich führe nur als ein Beispiel unter vielen die Fruchtguirlanden des Giovanni da Udine in den Loggien an, wo nicht nur häufig die oberste, sondern auch die zweite Lage abgeblättert ist, und zwar auch an den obern Theilen, die nicht, wie die unteren, äusseren Verletzungen ausgesetzt waren; und gerade diese Guirlanden sind unter den günstigsten Bedingungen, in kleinen Stücken und auf dicken Bewurf gemalt. Uebrigens lässt sich dieses Abblättern aufs einfachste begründen. Indem nämlich der Bewurf das Wasser aus den Farben mit Begierde und heftig einsaugt, so werden schon durch die Capillar-Attraction alle Farbentheilchen in mechanischer Weise von dem Bewurfe festgehalten und haften an ihm durch einfache Adhaesion so fest, dass man bald nachher eine zweite Lage über die erste legen kann, ohne dass sich diese mit der ersten vermischt; ist auch aus dieser das Wasser herausgezogen worden, so kann man noch eine dritte Lage darüber legen oder Lichter dick aufsetzen. Alle drei werden dann von der Kalkhydrat-Lösung durchdrungen und durch eine wirkliche Cohaesion chemisch gebunden. Nun liegt es aber in der Natur der Sache, dass die Farben, welche aufgetragen wurden, ehe dieser letzte Process begonnen hatte, auch auf das Vollkommenste durch die vollkommenste Bildung der Krystallhaut gebunden werden müssen; jene hingegen, bei deren Auftrag die Haut schon halb in ihrer Bildung begriffen ist, müssen weniger vollständig durchdrungen, also auch weniger dauerhaft gebunden werden, und Lagen, die bei fast vollendetem Process noch aufgetragen wurden, können nur sehr unvollkommen am Bewurfe haften, blättern von den unteren schon besser gebundenen Lagen leicht ab und weichen dem

---

[98]) An einer Frescoprobe, die ich neben mir stehen habe, löste sich die obere Farbenlage von der untern, die unverletzt zurückblieb, schon dadurch ab, dass ich etwas Wachs über dieselbe rollte, an welches sich die obere Schichte anheftete.

[99]) Op. d. R. Mengs; Ed. Fea p. 396: *l'opinione di alcuni, che non potessero essere dipinte a fresco per avere varj strati di colore, è in se falsissima; poiché il fresco riceve benissimo un colore sopra l'altro.*

Reiben und der Nässe. Aus dem gleichen Grunde werden auch die Farben dem Abblättern um so mehr unterworfen sein, je dicker man sie impastirt, je mehr Lagen man übereinander legt und je länger man mit dem Auftrage säumt. Dies sind Erfahrungen, die jeder Frescomaler zu seinem Schaden bei dem rasch trocknenden modernen Mauerbewurf, auf welchem man selten länger als einen Tag an einem Stück arbeiten kann, nur allzuoft macht. Hier ist nun die Bemerkung für unsern Zweck von besonderer Wichtigkeit, dass, je magerer der Bewurf sein kann, d. h. je grösser die Menge des Zuschlags und je geringer jene des Kalks ist, auch die Bildung der Krystallhaut um so langsamer vor sich geht, dem Maler also mehr Zeit gegeben ist, um seine Arbeit zu vollenden. Je eckiger, zackiger die Beschaffenheit des Zuschlages ist, je mehr Berührungsflächen jedes Korn dem Kalke bietet, um so weniger Kalk bedarf man. Unser hierzu verwendeter Fluss- oder Grubensand erfüllt diesen Zweck oft nur sehr schlecht; wir werden sehen, wie viel günstiger hierzu das Material der Alten war.

Im allgemeinen behandelt man im modernen Fresco die Farben selten sehr dick, weil hierzu keine besondere Veranlassung vorliegt, und weil der Kalk, dessen man sich als Weiss bedient, wenn er nicht sehr alt und zu diesem Zweck in umständlicher Weise zubereitet worden ist, hierzu kein angenehmes, etwas zu schleimiges Material ist. Dass man aber die Farbe, wenn man den rechten Moment abwartet, in welchem der Grund schon etwas angezogen hat, dick und pastos, und fast wie auf das Trockne aufsetzen kann, haben mir meine eignen Erfahrungen gezeigt, und es lassen sich die Beispiele auch an vielen neuen Fresken nachweisen. Winckelmann selbst macht auf diesen Umstand in den Stanzen des Vaticans aufmerksam, wie ich im ersten Abschnitt schon erwähnt habe [100]; auch habe ich schon der Guirlanden des Giovanni da Udine in den Loggien erwähnt. Wenn man aber im modernen [101] Fresco gute Gründe hat, um nicht stark zu

---

[100] In seiner Geschichte der Kunst Buch 7. Kap. 4 § 12 sagt Winckelmann, der über diesen Punkt seine Ansichten öfters wechselte: »Einige glauben ein Kennzeichen der trocknen Malerei in den erhobenen Pinselstrichen zu finden, aber ohne Grund: denn auf den Gemälden des Raphael, welche auf nassen Gründen sind, bemerkt man eben dieses. Die erhobenen Pinselstriche sind hier ein Zeichen, dass dieser Künstler seine Werke zuletzt trocken hier und da übermalet hat.« Hierin irrt Winckelmann, denn was man im Fresco als Retouche mit Tempera aufsetzt, wird vorzugsweise dünn behandelt, weil es sonst leicht abspringt.

[101] Ich rechne alle Fresken des 16. Jahrh. zu den modernen.

impastiren, so hatten die Alten ebenso gute Gründe, um ihre Farben dick aufzutragen, worauf ich später zurückkommen werde.

Als charakteristische Merkmale unserer modernen Frescomalerei habe ich also angeführt:

1. dass meistens die einzelnen Theile der Oberfläche eines grösseren Bildes nicht ganz in demselben Niveau liegen; und
2. dass bei denselben die Ansatzfugen der einzelnen Theile und die eingedrückten Umrisse mehr oder weniger sichtbar sind.

Ich habe ferner dargethan:

3. dass die Fresco-Farbe nicht tiefer in den nassen Grund eindringt, als jede andere Wasserfarbe auf trocknem Grund;
4. dass sie nur unvollkommen an dem Grunde haftet, wenn die sie schützende Krystallhaut verletzt ist, und wenn sie erst dann aufgetragen wurde, als der Bindungsprocess, d. h. die Bildung der Krystallhaut, schon zu weit vorgeschritten war;
5. dass man verschiedene Lagen von Farben übereinander legen kann, und diese auch wieder einzeln abblättern können;
6. dass man impastiren kann, wenn man will und es für zweckmässig hält.

Hiermit sind die in Abschnitt I unter 1 und 2 angeführten Gründe widerlegt, die man geltend machte und noch macht, um zu beweisen, dass die erhaltenen antiken Wandmalereien keine Fresken sein könnten. Der dritte Punkt wird seine Widerlegung später finden.

Will man an einem fertigen Frescobilde Aenderungen vornehmen, so benutzt man im modernen Fresco hierzu nur zwei Wege: entweder schneidet man die mangelhaften Theile aus dem Bilde aus, lässt frischen Frescogrund einputzen, nachdem die betreffende Stelle vorher tüchtig eingenetzt worden ist, und malt den Theil zum zweiten male *a fresco*; oder man bedient sich nach vollständiger Trocknung der Wand der Temperafarben, um die mangelhaften Stellen mit ihnen zu übermalen oder zu retouchiren.

Die Malerei *a tempera* (d. h. mit Beimischung; franz. *à la détrempe*) trägt diesen Namen, weil bei ihr den Farben, mit welchen man auf einen trocknen Grund malt, ein Bindemittel beigemischt werden muss, und insbesondere wird sie so genannt, wenn die Eistoffe die Grundlage dieses Bindemittels bilden. Bedient man sich statt deren aber der Leimstoffe, so heisst man dies *a guazzo* (franz. *gouache*) malen. Der Malgrund, den man auf Holztafeln, auf einfache Leinwand oder auf solche, die auf eine Holztafel aufgeleimt ist, auftragen kann, besteht aus Kreide oder gebranntem Gyps mit Leim und etwas Honig und bietet den Vortheil, dass man sich auf ihm auch der vegetabilischen und animalischen Farbstoffe bedienen kann, die von der Frescomalerei ausgeschlossen sind, weil der nasse Kalk sie zerstört. Auf gut getrockneten Wänden jedoch, die wie jene für Fresco bereitet sind, können auch alle jene Farben *a tempera* verwendet werden. Da bei diesem Verfahren keine Eile nöthig ist, so kann man die Zeichnung aus freier Hand mit Kohle, Rothstift oder weisser Kreide gemächlich ausführen, oder wenn man will, auch in einer der oben beschriebenen Weisen (siehe Note 96) durchpaussen: der trockene Grund wird hierbei nicht, wie der weiche Frescogrund, durch eingedrückte Umrisse und Paussstriche entstellt.

Da für Staffeleibilder die Temperamalerei ganz und gar durch die Oelmalerei, für decorative Zwecke aber fast ganz durch die Fresco- und durch die billige und bequeme Leimfarbenmalerei verdrängt wurde, so hatte man auf das Eibindemittel wenig Aufmerksamkeit mehr verwendet, und die zweckmässigste Zusammensetzung desselben wurde in neuerer Zeit ein Gegenstand vielfältiger Versuche, da man desselben in der wieder aufblühenden Frescomalerei zu Retouchen häufig bedurfte, auch vereinzelte Versuche gemacht wurden die Temperamalerei für decorative Bilder [102] oder in Verbindung mit der Oelfarbe zu gebrauchen. Nur in Griechenland und Russland werden Staffeleibilder noch heut zu Tage, vorzugsweise religiöse Darstellungen, in dieser Technik gemalt.

Das Eibindemittel erfüllt, je nach seiner Zusammensetzung seinen Zweck gut oder schlecht. Da der Eiweissstoff sich mit der Zeit immer mehr verdichtet und zusammenzieht, so ist die **unausbleibliche Folge** eines **zu starken Antheiles** desselben in dem Bindemittel die, dass die Farbenoberfläche zuerst zerrissen wird, dass die einzelnen Theile an den Rändern förmlich in die Höhe gehoben und endlich losgesprengt werden und vom Grunde abblättern. Hierdurch sind viele solche Bilder zerstört worden. **Je mehr** von diesem Stoffe durch **Anhäufung** von **Farbe** in die Malerei gebracht wird, um **so leichter** tritt dieser Fall ein, und es entspringt hieraus schon die Nothwendigkeit, die Temperafarben stets nur dünn aufzutragen. So finden wir auch alle mittelalterlichen Temperabilder behandelt. Ich hebe dies besonders hier hervor, weil der aussergewöhnlich dicke Auftrag der meisten pompejianischen und herculanischen Malereien schon von vornherein den Gedanken ausschliesst, dass sie *a tempera* gemacht sein könnten; der dicke Farbenauftrag also, aus welchem Carcani und Andere schliessen wollten, dass jene Bilder nicht *a fresco*

---

102) So wurden in neuester Zeit in München in dem Atelier von Moritz von Schwind nach dessen anmuthigen und geistvollen Compositionen jene Bilder ausgeführt, die jetzt das Foyer des neuen Opernhauses in Wien schmücken.

gemacht sein könnten, spricht gerade **gegen** die Annahme von Tempera [103]).

Von den zerstörenden Folgen eines zu spröden Bindemittels haben mir sorgfältige Untersuchungen an den ornamentalen Theilen der Loggien Raphaels höchst interessante Aufschlüsse gegeben. Ich habe schon (p. 34) die Fruchtguirlanden Giovanni da Udine's erwähnt, die auf blauem Grunde zu beiden Seiten der Fenster auf der Rückwand hinablaufen; sie sind auf einem circa 0,02 dicken, dunkelgrauen Verputz *a fresco* gemalt und der besterhaltene Theil der Ornamente. Dagegen sind die schönen Arabesken auf den mittleren Theilen der mit weissem Stuck bekleideten, gegliederten Pilaster von oben bis unten aufs traurigste abgeblättert, obgleich sie wie die Guirlanden *a fresco* gemalt sind; hiervon kann man sich bei schärferer Betrachtung durch das Auffinden der Ansatzfugen überzeugen, die sich durch den aufliegenden Staub (siehe p. 32) charakterisiren. Die Ursache dieser Zerstörung ist folgende: Die Pilaster sind aus grossen Quadern zusammengesetzt, die drei mittleren Abtheilungen aber nur mit einem 0,003 dicken weissen Stuck, die beiden äussern mit einem ebenso dünnen dunkelgrauen Stuck überzogen, und es ist begreiflich, dass diese dünnen Ueberzüge die Feuchtigkeit nicht lange genug halten konnten, um selbst kleine Stücke *a fresco* darauf vollenden zu können. Dies geschah nachträglich *a tempera*, die man übermalend und lasirend verwendete, und hierin liegt der Grund des Verlustes dieser herrlichen Schöpfungen. Das spröde Bindemittel hat nach und nach alle Farben von dem Grunde losgesprengt, und so gross war die Kraft desselben, dass es auch noch die zuerst auf den Stuck gestrichene weissgelbliche Grundfarbe mit weggesprengt hat, so dass die leeren Stellen nun vertieft in der Oberfläche der Pilaster liegen. An einigen Stellen sah ich sogar diese Kraft noch wirken, indem einzelne Theile, noch nicht ganz losgesprengt, an einigen Punkten noch fest haften, an den Rändern aber förmlich aufgerollt sind [104]).

[103] Diese Bemerkung hat zuerst R. Mengs in dem p. 4 erwähnten Briefe gemacht; nach ihm Wiegmann. Vgl. Note 127.

[104] Spätere Restaurationen kommen hierbei nicht in Betracht; einige derselben sind sogar in Oel gemacht, z. B. zwei Tiger am 4. Pilaster vom Eingange bei den Stanzen an. Wiegmann, der alle diese Malereien für reines Fresco hielt, täuschte sich hierin.

IV.
Zeugnisse aus Vitruv und Plinius über die antike Fresco- und Temperamalerei.

Im ersten Abschnitte habe ich gezeigt, dass von manchen Seiten sogar in Zweifel gezogen wurde, ob überhaupt die Alten die Frescomalerei kannten und ausübten. Dass beides der Fall war, wird sich aus dem Folgenden aufs klarste ergeben: zugleich aber auch, dass in der praktischen Anwendung derselben durch die Alten, im Vergleich zu unserem modernen Verfahren, sehr wesentliche Unterschiede bestehen, die die äussere Erscheinung der durch sie hervorgebrachten Werke vollständig verändern, wodurch bei Vielen, die unter Vernachlässigung oder durch Unkenntniss dieser Umstände nur jene äussere Verschiedenheit ins Auge fassten, die Ansicht hervorgerufen wurde: jene alten Wandmalereien und unsere modernen Fresken müssten zwei grundverschiedenen Gattungen malerischer Technik angehören.

Von dem grössten Einfluss ist hierbei vor allem die ganz verschiedenartige Bereitung des modernen Mauerbewurfs verglichen mit der antiken. Von dieser sagt Plinius: »Wenn die Wandbekleidung nicht aus drei Lagen von Sandmörtel und zwei Lagen Marmorstuck besteht, so bekommt sie niemals genügenden Glanz« [105]. Nach Vitruv [106] müssen jedoch ausser der ersten groben Berappung nicht weniger als drei Lagen Sandmörtel und auf diese drei Lagen Marmormörtel gelegt werden, in welchen in der untersten dem Kalk grobe, in der zweiten weniger grobe und in der obersten feine Marmorstückchen als Zuschlag beigemischt sind. Eine jede dieser 6 Lagen wird auf die untere aufgetragen, gerade wenn dieselbe zu trocknen beginnen will, und die drei letzten müssen mit Hölzern geschlagen werden, damit sich ihre Masse so viel wie möglich verdichte. Vitruv fügt hinzu [107]: »Wenn die Wände demnach mit drei Lagen Sandmörtel und eben so vielen Lagen Marmormörtel beworfen sind, so werden in ihnen weder Risse noch andre Fehler entstehen können; sondern sie geben, vermöge ihrer durch das Schlagen mit Hölzern verdichteten und

---

[105] XXXVI 176: *Tectorium nisi quod ter harenato et bis marmorato inductum est, nunquam satis splendoris habet.*
[106] L. VII, c. III 5.
[107] L. VII c. III 7: *Ita cum tribus coriis harenae et item marmoris soliditati parietes fuerint, neque rimas neque aliud vitium in se recipere poterunt, sed et baculorum subactionibus fundata soliditate marmorisque candore firmo laevigata, coloribus cum politionibus inductis, nitidos exprimunt splendores.*

durch den stäten Glanz der Marmortheilchen glatten Masse [108], nachdem auch bei dem Poliren die Farben aufgetragen worden sind, einen leuchtenden Schimmer von sich«.

Ich besitze selbst ein Stück Bewurf von dem palatinischen Hügel, welches genau nach dieser Vorschrift ausgeführt ist; der Sandmörtel ist 0,06, der Marmorstuck 0,02, das Ganze also 0,08 stark, das gibt $2^1/_2$ mal die Stärke unsres modernen Frescoverputzes. Es wird einleuchten, dass ein Bewurf von solcher Dicke eine ungleich grössere Menge von Wasser in sich enthalten muss, als der moderne, und dies um so mehr, als die Schichten übereinander gelegt werden, noch ehe sie ausgetrocknet sind: dass er eine noch ungleich grössere Menge Wassers während des Malens absorbiren, sich dadurch länger feucht erhalten und auch wieder eine grössere Menge von Kalkwasser auf die Oberfläche abgeben kann. Es muss ferner einleuchten, dass diese Kalkhydratlösung aus den unteren Mörtellagen weit langsamer durch den dicht geschlagenen Marmorstuck hindurchdringen kann, als dies bei unserm lockeren porösen Frescoverputz der Fall ist; dass sich in dem äusserst magern Marmorstuck selbst diese Lösung auch nur sehr langsam entwickeln kann — denn die zackigen, viele Flächen- und Höhlungen bietenden grösseren und kleineren Marmorsplitter bedürfen nur eines sehr geringen Antheiles an Kalk, um gut verbunden zu werden, — dass sich aus diesen beiden Ursachen die Haut von kohlensaurem Kalk viel langsamer bilden muss, als bei unserm modernen Verputz, und dass somit die antiken Künstler auf einem solchen Grunde weit länger malen, also auch complicirtere Arbeiten ausführen konnten, ohne genöthigt zu sein, immer nur Stück an Stück zu reihen, wie wir es zu thun durch unsern lockern, schnell Haut bildenden Frescoverputz genöthigt sind. Man erinnere sich hierbei des nur 0,003 dicken Stuckes auf den Pfeilern der Loggien!

Was ich hier aufstelle ist keine blosse Theorie: die praktische Erfahrung bei dem Frescomalen ging bei mir voraus und machte mich aufmerksam. Die Veranlassung hierzu gaben mir Medaillons, die als Schlusssteine von Gewölben mit starken Gipskalkrippen von einem ebenso dicken Rande umgeben waren, innerhalb dessen der Frescogrund auf eine 0,06 dicke, höchst langsam trocknende

---

[108] WIEGMANN. M. d. A., p. 178 übersetzt: *marmorisque candore firmo levigata*: mit einem Reibstein von weissem Marmor; offenbar unrichtig, denn Lib. VII c. III wird »*marmore poliatur*«, auch für »mit Marmorstuck« gebraucht. — RODE (des M. Vitr. Poll. Baukunst, aus der römischen Urschrift übersetzt, Leipzig 1796) ändert um in: *marmorisque grano firmo*, willkührlich und sinnentstellend.

Unterlage von nassem Gipskalk aufgetragen werden musste. Dies gestattete ein viertägiges Malen: bei einem günstigeren Bewurfe aber, wie es der oben geschilderte antike ist, kann man mindestens eine Zeit von 6 Tagen annehmen, insbesondere wenn man Kalk unter die Farben mischt [109]. Der Einwurf, dass die pompejianischen Ornamente und Bilder nicht *a fresco* ausgeführt sein könnten, weil hierzu bei complicirten Ornamenten und grösseren Bildern die Zeit nicht ausgereicht haben würde, um dieselben ohne Anstückelungen zu vollenden, ein Einwurf, der sich nur auf den einseitigen Vergleich mit der modernen Frescotechnik gründet, ist also kein haltbarer. Er beruht ausserdem noch auf der irrigen Voraussetzung, dass sich innerhalb der Wände und in den einzelnen Bildern keine Ansätze des Verputzes vorfänden; ich werde aber das Vorhandensein der beiden Gattungen später durch Beispiele als unumstössliche Thatsache feststellen [110].

Wir finden in Pompeji statt des Marmors in den oberen feineren Schichten häufig Splitter von Kalkspath verwendet, der auch, wie der Marmor, ein kohlensaurer Kalk, durchsichtig, glänzend und sehr hart ist. Vitruv selbst empfiehlt ihn zu diesem Zwecke [111]. Dagegen finden wir in der Zusammensetzung der Bewurfmasse vielfache Abweichungen von seinen Vorschriften, die sein strenger solider Sinn nicht gebilligt haben würde, und welche das Bestreben zeigen rascher und billiger zu bauen. Dies mag theils eine Folge der Eile sein, mit welcher man die Zerstörungen des Erdbebens vom Jahre 63 p. C. wieder herzustellen bemüht war, theils ein Zeichen beschränkterer Mittel, auch wohl des sich schon im allgemeinen verschlechternden Bauhandwerkes. So finden wir den Marmorstuck sehr häufig nur in zwei Lagen, zuweilen nur in einer einzigen aufgetragen, und auch diese fehlt hier und da und ist durch eine hellröthliche, sehr dichte und harte Schichte ersetzt, die aus Kalk und zerstossenen Scherben rother Thongefässe besteht [112]. Bei ordinäreren Wänden fehlt auch diese Schicht von

---

[109] Die Resultate der praktischen Versuche, die Wiegmann vor Jahren schon in Rom machte, die aber leider jetzt zerstört sind, stimmen hiermit vollkommen überein.
[110] Auch R. Mengs, obgleich überzeugt, dass er Fresken vor sich hatte, konnte keine Ansätze entdecken. Doch waren damals die Ausgrabungen noch beschränkt und das Material zur Beobachtung geringer.
[111] Vgl. Vitr. l. VII c. VI 1.
[112] Aus einer solchen Masse wurden auch Töpfe gemacht, welche die Signinischen hiessen und ungemein fest waren: Plin. XXXV, 165. *Fractis etiam testis utendo sic, ut firmius durent, tunsis calce addita, quae vocant Signina.*

feinem Scherbenstuck, und die Farbe ist dann unmittelbar auf ein ziemlich helles Gemisch von feinem Sand, Scherbensplittern und Kalk aufgetragen, und das trifft man auch meistens bei den Sockeln der Wände an. Von dieser selben Zusammensetzung ist auch oft die erste Schicht des Sandmörtels, die auf die Marmorstucklagen folgt: häufig jedoch ist in derselben der Kalk mit dem feinen Meeressande vermischt, der an der dortigen Küste durch eine Menge von Lavasplittern, die er enthält, ein sehr schwarzes Aussehen hat und diese Schichte ziemlich dunkelgrau färbt. Oft ist aber auch statt des Meeressandes in der oberen Schichte gesiebter feiner Grubensand verwendet, dessen gröbere Theile man in zwei Qualitäten für die darauf folgenden Lagen gebraucht hat. Die unterste Lage besteht häufig aus einem äusserst groben Gemisch aus Kalk, grossen Ziegelstücken und Fragmenten einer weichen gelben Tuffart, zuweilen auch mit etwas Puzzolanerde, die in den oberen Schichten ihres raschen Trocknens wegen nie verwendet ist; dieses Gemisch nennen Plinius und Vitruv, der Scherbenstücke wegen, *testaceum*, und empfehlen es namentlich als Unterlage an feuchten Orten [113]. In der ersten Berappung und Anstreichung der Fugen ist dem Kalke oft eine eigenthümlich weiche Puzzolanerde mit gelben, weichen Tuff-, Kreide- und Gipsbrocken beigemischt.

Uebrigens ist trotz diesen hier geschilderten vielfachen Abweichungen die Bedeckung des Sandmörtels mit Marmorstuck in Pompeji in allen besseren Gebäuden vorherrschend, und durchschnittlich [114] ist eine Dicke der Gesammtbewurfmasse von 0,07 beibehalten: die Stärke von 0,08 ist sehr häufig, eine von 0,04 — 0,05 seltner anzutreffen, und dann meist nur bei einfach decorirten Wänden. Die Möglichkeit eines längeren Arbeitens auf dem frischen Grunde ist also stets gewahrt [115].

---

113) Plin. XXXVI, 176: *Uliginosa et ubi salsugo vitiat testaceo sublini utilius*. Dsgl. Vitr. l. VII. c. IV, 1.

114) Man vergleiche mit dieser Schilderung, die das Resultat vieler Messungen ist, R. Rochette peint. ant. inéd. p. 348: ... *les peintures de Pompéi et d'Herculanum executées en détrempe d'une manière si superficielle, sur des enduits si légers et sur des murs si minces*!

115) Bei der allmählichen Verschlechterung des Bauhandwerkes bei dem Verfalle des römischen Reiches verwendete man auch immer weniger Sorgfalt und Kosten auf die Herstellung schöner Wandbekleidungen; der Marmorstuck verschwand, der Sandmörtelverputz wurde dünner und roher und sie verloren die Eigenschaften, die es ermöglichten, auf ihnen längere Zeit hintereinander malen zu können. So war man gezwungen nur stückweise zu arbeiten, wenn man *a fresco* malen wollte. Die Byzantiner jedoch erfanden ein Auskunftsmittel,

Vitruv u. Plinius über Fresco- u. Temperamalerei. 43

Von den auf den feuchten Bewurf aufgetragenen Farben sagt nun Vitruv [116]: »Die Farben aber, wenn sie auf die feuchte Wandbekleidung achtsam aufgetragen worden sind, gehen gerade deshalb nicht mehr von ihr ab, sondern haften immerwährend«. Und ferner [117]: »Und so werden auch Wandbekleidungen, die richtig gemacht sind, weder durch das Alter rauh, noch gehen die Farben, wenn man über sie hinwäscht, ab, ausser wenn sie nicht achtsam genug und auf das (schon) Trockene aufgetragen wurden«.

Klarer und einfacher kann man das Princip der Frescomalerei und die Folgen des Farbenauftrages bei schon zu sehr getrockneter Oberfläche nicht schildern! Diesem Zeugniss gegenüber mussten auch Jene, welche die Malereien von Pompeji und Herculanum nicht als Fresken anerkennen wollten, den Alten doch wenigstens die Kenntniss dieses Principes zugestehen, wollten aber die Anwendung desselben nur auf den farbigen Anstrich der Wände beschränkt sehen, der nur die Arbeit der *tectores*, der Tüncher, nicht aber der *pictores*, der Maler, gewesen sei! Und warum das? Weil Vitruv nicht den Ausdruck gebrauche *udo tectorio pingere* — auf den feuchten Bewurf malen — sondern nur *colores inducere*, — die Farben auftragen [118]! Warum sollte auch

---

um die alte Gewohnheit des längeren Malens auf die nasse Wand nicht aufgeben zu müssen, indem sie von den zwei Schichten, mit welchen allein sie ihre Mauer bedeckten, die untere mit gehacktem Stroh, die obere mit Flachs oder Baumwolle vermischten, wodurch dieser Grund die Nässe 5—6 Tage bewahrt. Der Mönch Dionysius schildert §. 56 und 57 diese Zubereitung, die noch heute auf dem Berg Athos üblich ist. Vgl. Schäfer Hdbch. d. M. v. B. Athos p. 94.
116) L. VII. c. III, 7: *Colores autem, udo tectorio cum diligenter sunt inducti, ideo non remittunt sed sunt perpetuo permanentes.*
117) L. VII. c. III, 8: *Neque cum extergentur remittunt colores, nisi si parum diligenter et in arido fuerint inducti.* Wiegmann, M. d. A. p. 42 übersetzt unbegreiflicher Weise diese so ganz klare Stelle. »es sei denn Absicht auf das Trockene zu malen!« was weder der Construction noch dem Sinne nach zulässig ist. *Et in arido* ist nur die nähere Erklärung des *parum diligenter*, d. h. wenn die rechte Zeit versäumt wurde und man auf eine schon zu trockene Oberfläche malte! Rode, M. Vitr. P. Baukunst p. 105 übersetzt eben so falsch »diese müsste denn nicht sorgfältig genug oder auf die trockene Bekleidung aufgetragen worden sein«. Warum sollten Farben, denen Vitruv immerwährende Dauer selbst bei dem Abwaschen verheisst, durch Mangel an Achtsamkeit auf einmal ihren ganzen Charakter verändern? Das ist doch nur durch die Frescofarbe zu erklären!
118) So Requeno (Saggi T. I, p. 190—193. Note a) und nach ihm Rode (M. Vitr. P. Bauk. p. 104), K. O. Müller Hdb. d. Arch. 3. Aufl. p. 432, Hirt (Gesch. d. b. K. p. 162) und Letronne (Lett. d'un ant. p. 368), welche alle das »*in arido*« als etwas Getrenntes, als ein Malen

Vitruv da, wo er nur von der Herstellung der schönsten und besten Art der Wandbekleidung spricht und das einfache Anstreichen derselben nur im Vorbeigehen berührt, von Ornamenten und Bildern reden, denen er das folgende 5. Capitel widmet? Allen diesen Behauptungen fehlt die solide Basis einer aufmerksamen Beobachtung an Ort und Stelle, die ihren Vertretern gezeigt haben würde, dass, sowie der letzte Marmorstucküberzug gelegt war, schon die Arbeit der eigentlichen *pictores* begann; denn, wenn wir auch viele Wände in Pompeji finden, die nur eine durchgehende Grundfarbe haben, so finden wir deren ebenso viele, die in einfache oblonge Felder eingetheilt sind, deren Farben wechseln, und eine sehr grosse Anzahl solcher, in welchen die reichste Mannichfaltigkeit in den Farben und insbesondere in den Formen der Felder herrscht, in welche die ganze Wand eingetheilt ist. Diese letzteren sind nicht dadurch hervorgebracht, dass man über einen einfachen Grundton diese Formen mit andern Farben aufmalte, sondern ein jedes ist besonders gezeichnet und gemalt, so dass, von dem Augenblicke der Glättung des letzten Stucküberzuges an, schon der Maler mit seinen Gehülfen bei der Hand sein musste, um diese Eintheilungen anzuordnen, die nöthigen Hülfslinien fein in den weichen Grund einzudrücken, und jedem Theil seine besondere Farbe zu geben. War das geschehen, so ist nicht einzusehen, warum der Meister und seine Gehülfen so lange hätten warten sollen bis der dicke Bewurf ganz trocken war, um dann erst die

---

auf trockene Gründe, d. h. *a tempera* unrichtig auffassten. Auch muss das Geschäft der *pictores* und *tectores* als ein ineinandergreifendes, als ein vereinigtes gedacht werden. Jeder Meister wird seine geringeren Leute gehabt haben, die ihm das *opus tectorium* und die einfachen Anstriche machten, und geschicktere Leute, die ihre bestimmten Fächer in der Ornamentik oder Figurenmalerei hatten. Auch hat Requeno die Texte von Vitruv und Plinius vollständig missverstanden, indem er sagt p. 195): *essi prescrivono sempre la bianca per colorire nei siti aperti*. Was Plinius anbetrifft, so hat Requeno vergessen, dass derselbe XXXV, 49 das Bleiweiss, die *cerussa*, ganz besonders als auf nassen Gründen nicht brauchbar bezeichnet; und wenn Vitruv bei Aufzählung der Farbstoffe auch das Bleiweiss erwähnt, so hat Requeno übersehen, dass Vitruv unter denselben auch Pflanzenstoffe erwähnt, deren die *tectores* sich bedienten (L. VII. c. XIV, 1 ; da Requeno aber zugegeben hat, dass die *tectores* die farbigen Gründe *a fresco* auftrugen, so hätte ihm auffallen sollen, dass sich dies hiermit nicht vertrug, und dass Vitruv bei Aufzählung der Farbstoffe überhaupt gar keine Rücksicht darauf nimmt, ob dieselben für Fresco oder Tempera dienen sollen, was Plinius XXXV, 49 hingegen scharf trennt.

Borten oder Guirlanden zu ziehen und zu malen, mit welchen diese Felder umgeben sind: es war ja doch wahrlich natürlicher, auch diesen den Vortheil der dauerhaften Frescofarbe zukommen zu lassen, die gerade auf den feinen Marmorstuck aufgetragen worden war. Kein wirklicher Maler hätte der Versuchung widerstehen können, auf dem lange nass bleibenden Grunde nun auch noch die laufenden Ornamente, Säulenwerke, einzelne Figuren, kleinere und selbst grössere Bilder *a fresco* weiter zu malen, und warum hätte er es nicht thun sollen, so lange als es ihm der feuchte Grund gestattete? Ueberschritten die Maler aber unachtsamer Weise diese Zeit, malten sie noch, als der Grund schon anfing, die Farben nicht mehr gut zu binden, d. h. malten sie »*parum diligenter et in arido*«, so musste der Fall eintreten, vor welchem Vitruv warnt: die Farben mussten sich unter dem Einfluss einer Reibung oder der Feuchtigkeit leicht ablösen, abblättern, und die darunter liegenden besser gebundenen Farbenschichten oder der farbige Grund, der als erster Auftrag immer am besten gebunden sein muss, traten dann in ihrer ganzen Integrität hervor!

Da man in Pompeji immer zuerst den Grundton der Felder strich und auf diesen dann erst die Ornamente und Einzelfiguren setzte, so ist nichts erklärlicher, als dass solche Abblätterungen, unter welchen sich der ursprüngliche Grundton zeigt, vielfach zu sehen sind, da der rechte Zeitpunkt von den Malern bei reichen Anordnungen manchmal versäumt worden sein mag, indem oft einzelne Stellen des Bewurfs weit rascher trocknen als andere, worauf die verschiedenartige Beschaffenheit der Steine im Mauerwerk grossen Einfluss hat. Jene Erscheinungen, die man sich nur durch Anwendung von Tempera-Malerei erklären wollte, ergeben sich also aufs einfachste und natürlichste aus den G r u n d - b e d i n g u n g e n d e r F r e s c o m a l e r e i, und ich glaube deutlich genug gezeigt zu haben, dass, wenn man dieselbe für die farbigen Gründe zugibt, der Gedanke, sie von der Bereicherung der letzteren durch Ornamente und Bilder ausschliessen zu wollen, l o - gisch und praktisch un berechtigt ist.

Für die häufige Anwendung der Frescotechnik gibt uns Plinius einen weiteren Beleg in folgenden Worten [119]: »Unter den Gesammtfarben sind die, welche einen Kreidegrund lieben, sich aber auf einen feuchten Grund nicht auftragen lassen: das

---

[119] PLIN. XXXV, 49: *Ex omnibus coloribus cretulam amant, udoque illini recusant: purpurissum, Indicum caeruleum, Melinum, auripigmentum, Appianum, cerussa. Cerae tinguntur iisdem his coloribus ad eas picturas quae inuruntur, alieno parietibus genere, sed classibus familiari.*

Purpurissum, das Indigoblau [120]), das Weiss von Melos [121]), das Arsenikgelb, das Appianum [122]) und das Bleiweiss. Mit denselben Farben wird aber das Wachs für jene Malereien gefärbt, welche

---

[120] Plinius führt unter den Gattungen von Blau, die er alle *Caeruleum* nennt, XXXIII, 161 ff. folgende an: *Aegyptium*, *Puteolanum*, *Vestorianum*, welche auch Vitruv l. VII. c. XI, 1, erwähnt, und ihre Verfertigung schildert, aus welcher hervorgeht, dass es mit Kupferoxyd gefärbte pulverisirte Glasfritten sind; diese kommen in Pompeji am häufigsten vor, und die Analysen von Davy und Chaptal stimmen mit den Angaben Vitruvs genau überein. Plinius nennt sie nur einen Sand (*arena*) und das passt auch auf diese Arten. Ferner nennt er das *Cyprium*, welches dem *Scythicum* noch vorgezogen werde. Da Plin. XXXIII, 158 besonders erwähnt, dass das *caeruleum* auch in Silberbergwerken gefunden werde, so ist vorauszusetzen, dass hierunter das Kobaltblau gemeint sei. Auch passt hierauf, dass er von ihm sagt: *hoc diluitur facile*; denn der Cobalt, obgleich *a fresco* dünn sehr angenehm zu verwenden, wird doch, wenn er dick aufgetragen ist, leicht matt. Ausserdem nennt Plin. XXXV, 47 noch das *Armenium*, einen Stein, nach seinem Fundort zu urtheilen der Lapis lazuli. Alle die genannten Farben sind also im Fresco zu verwenden. Das *Indicum caeruleum*, welches allein von diesen allen ein Pflanzenstoff ist, und welches er neben dem aus ihm durch Schlämmung bereiteten *lomentum* als die theuersten dieser Farben anführt, kann also nur dasjenige sein, von dem er sagt: *usus in creta, calcis impatiens*. Dass dies wirklich unser Indigo ist, geht aus dem Kennzeichen hervor, welches Plin. XXXV, 46 angibt, nemlich, dass er auf Kohlen mit einer Purpurflamme verbrenne. Es scheint mir daher, dass im Texte das Komma, welches daselbst zwischen *Indicum* und *caeruleum* eingeschoben ist, wegbleiben müsse, so dass *Indicum* nur als das zu *caeruleum* gehörige Adjectiv zu betrachten ist. Es ist wie gesagt, keine zweite Gattung Blau genannt, die als Pflanzenfarbe nicht für Fresco taugte, und Plinius würde, wenn er damit den, durch mit Veilchensaft gefärbte Kreide, nachgeahmten Indigo, dessen er erwähnt, hätte bezeichnen wollen, dies deutlicher gethan haben. Uebrigens ist die Beschreibung dieser Farben bei Plinius sehr verworren, und es scheint fast als glaube er, die Glasfritten seien mit Pflanzenstoffen gefärbt; er sagt von ihnen nemlich: *tingitur autem omne et in sua coquitur herba*.

[121] Die weisse Erde von Melos, scheint ein natürlich vorkommendes Bleiweiss zu sein, wie jenes, von welchem Plin. XXXV, 37 sagt: *fuit et terra per se in Theodoti fundo inventa Smyrnae, qua veteres ad ceream picturas utebantur. Nunc omnis ex plumbo et aceto fit.* Vitruv l. VII. c. VII, 3 sagt von dem Melinum: *Paraetonium vero ex ipsis locis unde foditur habet nomen; eadem ratione Melinum, quod eius metallum insulae cycladi Melo dicitur esse.*

[122] Plin. XXXV, 48: *viride, quod Appianum vocatur et chrysocollam mentitur.* Vitruv l. VII. c. XIV, 2 gibt uns weitere Aufklärung: *Item qui non possunt chrysocolla propter caritatem uti, herba quae lutum appellatur caeruleum inficiunt, et utuntur viridissimo colore.* Die Chrysocolla ist ein kohlensaures Kupferoxyd, das Appianum also eine aus einem gelben Pflanzenstoff, dem Gilbkraut, und Blau gemischte Farbe, die demnach als Pflanzenfarbe im Fresco unbrauchbar ist.

eingebrannt werden, ein in der Wandmalerei nicht angewendetes Verfahren, das aber in der Schiffsmalerei üblich ist«. Hier scheidet also Plinius auf das schärfste die Frescotechnik, in welcher die genannten vegetabilischen und mineralischen Farbstoffe nicht zu brauchen sind, von der enkaustischen und von der Temperamalerei, die sich ihrer bedienen können. Die Beschreibung, die ich von den Wandbekleidungen in Pompeji gegeben habe, zeigt, dass solche Kreidegründe für Temperafarben in Pompeji nicht vorkommen: es müssen damit also die Grundirungen gemeint sein, mit welchen man die Holztafeln für enkaustische oder Temperabilder überzog, ein Verfahren, welches in ununterbrochener Folge bis auf unsere Tage beibehalten worden ist [123]). Dass für solche Tafeln die Alten das Lärchenholz benutzten, wissen wir aus Plinius [124]), und über das Temperabindemittel lässt uns eine für unseren Zweck höchst interessante Stelle aus Plinius auch keinen Zweifel mehr. Von den Farben handelnd, die ihrer Kostbarkeit wegen bei Zimmermalereien nicht von den Malern, sondern von dem Hauseigenthümer geliefert wurden, worunter auch das Purpurissum, sagt er nemlich [125]): »Die Maler bringen, indem sie mit Sandyx [126]) untermalen, und späterhin das Purpurissum mit Ei darüber legen, das Feuer des Zinnobers hervor [127]). Wollen sie aber lieber eine Purpurfarbe hervorbringen, so untermalen sie mit Blau und legen später dann das Purpurissum vermittelst des Eies darüber«. Nun ist das Purpurissum eine animalische Farbe, die Plinius unter den im Fresco nicht zu brauchenden aufzählt: wollte man es aber dennoch auf der Wand sehen, so konnte es nur nach der Trocknung derselben *a tempera* auf die Wand aufgetragen werden, d. h. mit Eibindemittel. Hätte Plinius hierbei nicht Zimmer im Auge gehabt, die *a fresco* bemalt werden sollen, so würde er nicht zweimal das Ei für das Purpurissum erwähnen, während er es bei

---

123) Vgl. Schäfer, Hdb. d. Malerei v. Berge Athos, wo in den §§. 4, 5, 6 der Mönch Dionysius die ganze Behandlung genau schildert. Desgl. Cennino Cennini cap. 114—120.

124) Plin. XVI, 187: *Larix femina habet .... Inventum pictorum tabellis immortale nullaque fissile rimis, hoc lignum.*

125) Plin. XXXV, 45: *Pingentes sandyce sublita, mox oro inducentes purpurissum, fulgorem minii faciunt. Si purpuram facere malunt, caeruleum subliniunt, mox purpurissum ex oro inducunt.*

126) Plin. XXXV, 40: *Haec* (sandaraca, rother Arsenik, *sandaraca adulterina*, rothes Bleioxyd), *si torreatur aequa parte rubrica* (Röthel) *admixta, sandycem facit.*

127) Plin. und Vitruv gebrauchen *cinnabaris* und *minium* als gleichbedeutend. Was wir aber heute Minium, Mennige, nennen, das nannten die Alten *sandaraca adulterina* oder *factitia*. Vgl. Plin XXXV, 39 und Vitr. l. VII. c. XII.

der Unterlage, dem Sandyx und dem Blau nicht thut, und zwar logischer Weise, weil sie zuerst und *a fresco* aufgetragen wurden. Hätte er Temperamalereien dabei im Auge gehabt, so würde er des Eies entweder gar nicht, oder bei allen vier Farben erwähnt haben.

Plinius gibt uns also hier mit unzweifelhafter Deutlichkeit einen Fall an, in welchem die Temperamalerei herangezogen wurde, um durch sie den Mängeln des Frescoverfahrens zu begegnen, und dieser eine Fall berechtigt uns zu dem Schlusse, dass auch noch andere ähnliche Fälle eintreten konnten, in welchen man zu demselben Hülfsmittel griff. Nichts lag wohl näher, wenn man eine sehr reich verzierte Wand nicht bis in alle Einzelheiten *a fresco* beendigen konnte, oder wenn einzelne Theile nicht nach Wunsch ausgefallen waren, sie auf diese Weise zu übermalen, oder auch zu einfache Theile noch reicher zu verzieren! Für diesen Zweck ist jedoch nicht jedes mit Ei bereitete Bindemittel tauglich, sondern je nach seiner Zusammensetzung und der Anwendung desselben wird der Unterschied zwischen der Frescofarbe und der Retouche gar nicht oder höchst unangenehm auffallend sein [128].

So sehr auch viele moderne Künstler eine solche Nachhülfe bei ihren Fresken scheuen, weil sie die unangenehme Wirkung schlecht gewählter Bindemittel erfahren mussten [129], so wenig war dies in der Blüthezeit der Temperamalerei der Fall, in welcher man alle Eigenschaften der verschiedenartigen Bindemittel und ihre zweckmässigste Anwendung genau kannte, und das Nachhelfen vermittelst derselben in Frescobildern eine ausgebildete und durchstudirte Technik war. Vorschriften, wie jene des Plinius, um Nichtfrescofarben dennoch in Fresken anzuwenden, was uns heute ein ganz fernliegender Gedanke ist, finden wir aufs umständlichste von den ältesten Nachrichten des Theophilus Presbyter [130] und des Mönchs Dionysius vom Berg

---

128. Vgl. Note 100.

129. Einige bedienten sich nur des Eiweisses, Andere des ganzen Eies mit Essig oder Wasser stark verdünnt, Andere rieben die Farben mit Siebkäse an; mit all diesen Bindemitteln arbeitet es sich aufs unangenehmste. Dagegen haben mir die Versuche, die ich nach dem Recepte des Cennino Cennini ausführte, indem ich die Farben mit dem Eigelb allein ohne andern Zusatz anrieb, die allerbefriedigendsten Resultate gegeben. Diese Retouche ist von der Frescofarbe kaum zu unterscheiden.

130. THEOPHILUS PRESBYTER Cap. XV: *In campo sub lazur et viridi ponatur color, qui dicitur veneda, mixtus ex nigro et calce, super quem, cum siccus fuerit, ponatur in suo loco lazur tenuis, cum ori mediolo abundanter aqua mixto temperatus.* Also auf eine Fresco-Unterlage von

Athos [131]) bis auf Cennino Cennini [132]) angegeben. Nicht ohne Unterschied bediente man sich nur des Eies, sondern bei manchen Farben hielt man Leim- oder Gummibindemittel für zweckmässiger [133])

Schwarz und Kalkweiss wird das brillante Blau mit Eigelb als Bindemittel aufgetragen; vermuthlich Cobalt, der bei starkem Auftrag *a fresco* leicht blind wird.

131) SCHÄFER, Hdb. d. M. v. B. Athos. §. 46 schildert Dionysius die Bereitung einer blauen Farbe aus der Pflanze Τζιμπρίσμα, wahrscheinlich Waid, und §. 68 beschreibt er die Bereitung eines Leimes aus Kleien, der als Bindemittel dienen soll, um das Blau bei Fresken nachträglich zu gebrauchen: »Gieb zugleich Acht, dass die Mauer ganz trocken sei, wenn du den Azur anwendest«. (Schäfer übersetzt λαζοῦρι mit Azur; Blau wäre richtiger, denn wie Plinius die verschiedensten Gattungen Blau alle *caeruleum* nennt, so nannte man im Mittelalter alle Arten Blau nach dem *lapis lazuli*; Theophilus nennt es *lasur*, Dionysius *lazuri*, Cenn. Cennini *azzurro*. Der Gebrauch der schönen antiken Glasfritten, und die Fabrikation derselben, war gänzlich abhanden gekommen.) Als Bindemittel für die Temperamalerei gibt Dionysius §. 27 nur kurz das Ei an. Die Neugriechen nehmen das ganze Ei mit der gleichen Quantität Essig vermischt, und treiben die Mischung durch ein feines Tuch.

132) Er sagt Cap. LXXVII: *E nota, che ogni cosa che lavori in fresco dere essere tratto a fine ritoccato in secco con tempera*. Einzelne Fälle gibt er ausserdem an Cap. LXXV, LXXVI, u. Cap. LXXXIII auch das Verfahren, um ein Gewand mit *azzuro della Magna*, d. h. mit deutschem Blau, dem von Deutschland kommenden Cobalt, dem *lazur* des Theophilus, *a fresco* zu untermalen und *a tempera* zu libermalen. Er gibt Cap. LXXII zwei Arten guter Eitempera an: 1. das ganze Ei mit der aus den durchgeschnittenen Sprösslingen des Feigenbaumes oder aus den oberen Enden der jungen Feigen hervorquellenden Feigenmilch, einem sehr harzigen Saft, zusammen gut geschlagen. 2. das Gelbe des Eies ganz allein. Bei der ersten Art warnt er ganz besonders vor zu starkem Auftrag: *se dessi troppo tempera, abbi che di subito scoppierà il colore e creperà dal muro!*

133) THEOPH. PRESB. Cap. XXVII: *Omnes colores et mixturae eorum hoc gummi (de arbore ceraso, sive pruno) teri et poni possunt, praeter minium et cerosam et carmin, qui cum claro ori teri et ponendi sunt. Viride Hispanicum non misceatur succo sub glutine, sed per se cum gummi ponatur. Aliud vero miscere potes si volueris.* Dionysius erwähnt ausser dem in Note 131 schon angeführten Kleienleim noch Gummi-, Haut- und Pergamentleim. Cennino Cennini führt bei Beschreibung der Farben immer an, ob sie mit Ei oder Leim angewendet werden sollen. Vgl. C. LIII, LV, LVI, LX, LXI etc. Auch den Gummi, insbesondere den arabischen, führt er C. X, XXXI und CLIX als Bindemittel an. Die grosse Uebereinstimmung in diesen verschiedenen Ueberlieferungen zeigt aufs klarste, dass sie alle derselben Quelle entstammen, die ununterbrochene Tradition der technischen Kenntnisse des Alterthums sind, von welchen die weniger schwierigen und kostspieligen sich in der Verfallsperiode der beiden Reichshälften erhalten hatten. Was im Byzantinischen Reiche vielleicht besser als in Italien bewahrt worden war, wurde durch byzantinische Künstler wieder dahin verpflanzt und wir dürfen in den Recepten des Cennino sicher nicht nur die-

und nicht nur für die Nachhülfe im Fresco, sondern auch für die eigentlichen Tempera-Staffeleibilder. Dass dies noch zu Plinius Zeiten und auch schon zu jenen des Apelles nicht anders war, lässt sich als in der Natur der Sache liegend mit Sicherheit annehmen. Plinius selbst erwähnt den Leim [134] und die Gummiarten [135] als den Malern höchst nützliche Ingredienzen. Damit ist aber nicht gesagt, dass die Alten ihre Malereien auf Tafeln oder auf den *a fresco* gestrichenen Gründen mit Leimfarben ausführten, wie Hirt [136] und Andere annahmen [137], so wenig als die Angabe von Vitruv und Plinius [138], dass die *tectores* dem Rauchschwarz (Kienruss), wenn es zum Anstreichen der Wände benutzt wurde, etwas Leim hinzufügten, zu dem Schlusse berechtigt, dass man alle Farben mit Leim versetzte und mit ihnen die Wände anstrich, wobei es nur eben nicht schädlich gewesen sei, wenn die Letzteren noch nass waren!! [139] Wenn man die betreffenden Stellen in Plinius und Vitruv mit Aufmerksamkeit liest, so wird man finden, warum Beide, die übrigens hier aus derselben Quelle geschöpft zu haben scheinen, gerade bei dem Schwarz des Leimes erwähnen, während sie es bei keiner der andern Farben thun. Der Grund ist der, dass sie nach der Schilderung der Bereitung des Rauchschwarzes die verschiedenen Zwecke angeben, zu denen es dient, und hervorheben, dass man es zur Bereitung der Schreibtinte mit Gummi vermische, zu Anstrichen dagegen

---

jenigen wiedererkennen, die er nach eigener Aussage durch seinen Lehrer Agnolo di Taddeo Gaddi, wie dessen Vater Taddeo Gaddi von seinem Lehrer Giotto, erhalten hatte, sondern auch jene, die als altherkömmlich von den byzantinischen Malern auf Giotto übergegangen waren, von welchem Cennino so treffend sagt: *il quale Giotto rimutò l'arte del dipingere di Greco in Latino e ridusse al moderno.* In diesen ererbten Recepten sehen wir in interessanter Weise bis zu Cennini immer die Erfindungen und Bereicherungen der neueren Zeiten hinzukommen, namentlich die allmähliche Entwickelung der Oelmalerei in Verbindung mit der Leinöl- und Harzfirnissbereitung.

134) PLIN. XXVIII, 236: *Glutinum praestantissimum fit ex auribus taurorum et genitalibus . . . . eoque pictores et medici utuntur.*
135) PLIN. XIII, 67: *Fit et ex sarcocolla (ita vocatur arbor) gummi utilissimum pictoribus ac medicis.*
136) Vergl. oben p. 7.
137) Vergl. Pitt. d'Erc. T. I p. 274 Note 75.
138) VITR. L. VII. c. X, 2: *inde collecta partim componitur ex gummi subacto ad usum atramenti librarii, reliqua tectores glutinum admiscentes in parietibus utuntur.* Plin. XXXV, 43: *atramentum . . . . librarium gummi, tectorium glutino admixto.*
139) So entstellt REQUENO, Saggi etc. T. I, p. 194, die in Note 116 mitgetheilte Angabe Vitruvs: *colores autem, udo tectorio, cum diligenter sunt inducti, ideo non remittunt etc.* Siehe oben p. 43.

mit Leim und nicht mit Gummi. Hierin liegt der Gegensatz und deshalb die besondere Erwähnung!! [140])

Es berechtigt auch noch nicht auf Leimfarbe zu schliessen, wenn manche Malereien gleich nach der Ausgrabung dem Waschen mit Wasser weichen, worüber ich später ausführlicher reden werde; ich habe schon pag. 33 gezeigt, dass dies auch bei Fresken stattfindet, deren Krystallüberzug verletzt ist, oder welche nicht auf gentigend frischen Grund gemalt waren. Dass jene Malereien aber nicht mit Leimfarben ausgeführt sind, dafür ist der Umstand ein unumstösslicher Beweis, dass sie bei dem Ueberstreichen mit Harzfirnissen, welches der grössere Theil der Bilder im Museum erdulden musste, nicht ganz dunkel geworden sind, was bei Leimfarbe unvermeidlich ist [141]). Bei Temperamalereien aber, deren Bindemittel entweder das Eigelb allein oder das mit Feigenmilch vermischte ganze Ei war, würde dies nicht eintreten: ein Firniss macht sie nur um ein Geringes tiefer im Ton, wenn sie durch und durch ausgetrocknet sind [142]). Bei einer weniger fetten, oder weniger harzigen Tempera jedoch, wie die Neugriechische (siehe Note 131) bedarf es erst eines schützenden, vorsichtig aufzutragenden Ueberzuges von Stärkmehl- oder Leimauflösungen, um das Dunkelwerden zu verhindern. Meine Ansichten über die Firnisse der Alten, habe ich schon p. 27 ff. (Vgl. auch Note 58 u. 90) ausgesprochen. Sie konnten den unsrigen an Dauerhaftigkeit nicht gleich kommen, und dafür spricht auch die Gewohnheit, diese Bilder schrankartig mit Thüren zu versehen, wie wir sie in den pompejanischen Ornamenten und Bildern theils vorgeneigt an den Wänden aufgehängt, theils gerade stehend, meistens dargestellt finden (siehe Taf. C, Fig. 3), eine Nothwendigkeit, die erst mit der Erfindung der Oelmalerei und der Oel- und Terpentinfirnisse verschwand. Diese Eigenschaft mochten die Temperabilder mit den enkaustischen gemein haben. Auch die Erzählung von Plinius, dass ein Bild des Apelles, welches in dem Tempel des Apoll in Rom aufgestellt war, bei dem Reinigen durch die Ungeschicklichkeit des damit von dem Prätor

---

140) Vitruv hebt noch ausserdem hervor, dass das Schwarz in der Reibschale mit Leim angerieben werden müsse, und zu dieser Ausnahme, — denn die andern Leimfarben werden nur mit Wasser angerieben und dann mit Leimwasser vermischt —, ist ein guter Grund vorhanden, weil bei diesem Schwarz, das eine feine Kohle ist, einzelne Theile sich ohne jene Behandlung leicht isoliren und später abfärben würden.

141) Diese jedem Techniker bekannte Thatsache hebt auch R. Mengs hervor.

142) Vgl. Cenn. Cennini C. CLV. und Jacob Roux, die Farben, 2. Heft (Heidelberg 1828) p. 11.

M. Junius beauftragten Malers zu Grund gegangen sei [143]), spricht für den Mangel einer festen Oberfläche und einer besonderen Dauerhaftigkeit bei den ersteren. Vergleichen wir hiermit die Oberfläche der Wände in Pompeji, in welchen alles geschah, was möglich war, um sie auf das dauerhafteste und haltbarste herzustellen, deren Grundfarben in der unter allen Technikgattungen unverwüstlichsten aufgetragen waren, so wird man dem praktischen und soliden Sinne jener Zeit nicht zutrauen dürfen, schon von vornherein ein solches Missverhältniss zwischen Grund und Malerei durch ein Auftragen der letzteren *a tempera* oder mit Leimfarben herbeigeführt zu haben, und dies um so weniger, da es sich um Räume handelt, die im täglichen Gebrauch dem Verderb besonders ausgesetzt sind.

Ich habe dagegen schon gezeigt, dass die Tempera eine willkommene Aushülfe bei Ornamenten und bei Bildern in der Frescomalerei sein konnte, und bin weit entfernt leugnen zu wollen, dass sie nicht auch wie die Leimfarbe zu gewissen Zwecken in Pompeji hätte verwendet werden können. Wie es bei unsern modernen ordinären Wand- und Deckenbekleidungen ganz angemessen ist, dass man sie nur mit undauerhaften Leimfarben anstreicht und bemalt, ebenso unangemessen würde es gewesen sein, hätte man jene schönen antiken Wandbekleidungen, welchen die durch die dünne Frescofarbe allenthalben durchschimmernden Marmortheilchen jenen angenehmen, feinen Glanz geben, mit deckender Leimfarbe verunstalten wollen; aber es lag auch hier nahe, ganz ordinär zubereitete Wände oder solche, die durch Alter und Gebrauch zu trübe und schmutzig geworden waren, mit Leimfarbe anzustreichen, und dieselbe auch zu Ausbesserungen zu verwenden, wo einzelne Theile einer Wand gelitten hatten. Indessen konnte ich bis jetzt noch keine solche Leimfarbenanstriche nachweisen und was die Ausbesserungen anbetrifft, so werde ich in dem nächsten Abschnitte zeigen, dass man es auch hier meistens vorzog, sich in sehr geschickter Weise des Frescoverfahrens zu bedienen, und das darf uns da nicht erstaunen, wo wir den Wunsch, dauerhafte Arbeit hervorzubringen, so sehr in den Vordergrund treten sehen.

Nachdem ich so nach den Ueberlieferungen der alten Autoren und nach meinen eignen Untersuchungen in Pompeji die Beschaffenheit der antiken Wandbekleidungen geschildert habe, gehe ich nun zu der Betrachtung der bemalten Oberflächen selbst über.

---

143) Plin. XXXV, 99, 100: *Item Liberum et Artamenen, spectatos Romae in aede Cereris, tragoedum et puerum in Apollinis, cujus tabulae gratia interiit pictoris inscitia, cui tergendam eam mandaverat M. Junius praetor sub die ludorum Apollinarium.*

V.
Die charakteristischen Eigenschaften der bemalten Wandflächen in Pompeji.

Bei einigen der grösseren oder sehr reich verzierten Wände bedarf es keiner sehr scharfen Beobachtung, um sehr auffallende, horizontal fortlaufende starke Risse und Sprünge zu bemerken, die sich da gebildet haben, wo der mittlere Theil der Wand, der meistens die von Streifen und Borten eingefassten Bilder enthält, oben an den häufig sehr reich geschmückten Fries, und unten an den stets einfachern und in dunkeln Farben gehaltenen Sockel angrenzt [144]; auch zeigen sich solche Spalten hier und da an den Grenzen der einzelnen Felder, in welche der mittlere Theil der Wand eingetheilt ist, in verticaler Richtung hinab laufend [145]. Bei näherer Betrachtung wird man bemerken, dass diese Spalten nicht in rechten, sondern im stumpfen Winkel gegen die Wandfläche gerichtet sind, wie Fig. 5 zeigt. Diese regelmässig laufenden Spalten konnten nur dadurch entstehen, dass an diesen Stellen bei der Wandbekleidung Ansätze gemacht wurden, und dass eine Senkung der Mauer oder ein gegen sie ausgeübter Druck an diesen schwächeren Stellen sich zuerst äusserte und hier das Tectorium sprengte. Ebenso sichtbar sind solche Risse in den Ecken grösserer, oder auch kleinerer und dabei reich verzierter Zimmer; und diese zeigen, dass hier jede Wand für sich allein angetragen und geglättet wurde, oder dass, wie auch in dem ersten Falle die grössere oder geringere Tiefe der Spalten zeigt, nur die letzten oder die letzte Marmor- oder Scherbenstuckschicht gesondert aufgetragen worden war. Da dieser getrennte Auftrag der Stuckoberfläche die Arbeit sehr wesentlich erschwerte und die mühsam herzustellenden Ansatzfugen nöthig machte, und da sich solche in einfach decorirten Räumen nicht finden, so muss hierfür ein Grund gewesen sein, und dieser ist und kann kein anderer sein, als die Absicht: alle einzelnen Theile der Ornamentirung und der farbigen Unterlage *a fresco* auszuführen. Hätte man nur die Letztere *a fresco* streichen wollen, so hätte man sich nicht jene Mühe zu geben brauchen, denn es nimmt eine so kurze Zeit in Anspruch, dass es selbst bei unserem moder-

---
144) Z. B. Sockelansatz sehr deutlich im sogenannten Pantheon auf der Wand links vom Eingang, Friesansatz in casa di Sirico, erster Raum im Atrium links.
145) Z. B. in casa del poeta im Triclinium im Peristylium rechts auf der Wand dem Eingang gegenüber.

nen Verputz keine Ansätze nöthig gemacht haben würde, geschweige denn bei dem lange feucht bleibenden antiken Bewurfe.

Dieser sehr deutlich sichtbaren horizontalen und verticalen Ansatzfugen [146] gibt es indessen nur wenige. Dennoch aber bestehen diese Ansätze au Fries und Sockel bei der Mehrzahl der pompejianischen Wände, aber sie sind von Haus aus so vortrefflich gemacht, und unter dunklen Borten meist so gut versteckt, dass es in sehr vielen Fällen einer sehr scharfen Beobachtung bedarf, um dieselben zu entdecken. Aber auf diese einfachen geradlinigen Ansätze beschränkten sich die pompejianischen Maler durchaus nicht. Ein genaues Untersuchen der Wandflächen hat mir das überraschende Resultat geliefert, dass bei ausgedehnteren, reicheren Ornamentirungen, namentlich bei Architekturdarstellungen, die mannichfaltigsten Ansätze vorkommen, je nachdem es nach Form der Darstellung und nach der Zeiteintheilung zweckmässig erschien, ein Umstand, auf welchen bis jetzt noch nicht aufmerksam gemacht worden ist, und der doch entscheidend dafür ist, dass auch die Ornamente auf den farbigen Gründen durchgängig, und höchstens mit seltnen Ausnahmen, *a fresco* ausgeführt sind. Ich habe diesem Werke Zeichnungen von einigen interessanten Beispielen dieser Art beigefügt und namentlich solche gewählt, bei welchen diese Ansätze leicht für einen Jeden an Ort und Stelle erkennbar sind.

Tafel B, Fig. 2 ist ein Theil der linken Seitenwand des vorderen Eckzimmers rechts, hinten im Mittelperistyl der **casa del citarista**. Hier fehlt der gemalte Fries ganz und gar, und es sind nur einzelne Reste einer vorspringenden Stuckleiste erhalten, die den mittleren Wandtheil oben begrenzt. Zuerst ist das Feld *ihgf*, welches ganz durch ein Bild und dessen Borten eingenommen ist (Parisurtheil Nr. 1256), — ein in Pompei nicht oft vorkommender Fall, weil die Bilder meist kleiner sind — mit den Marmorstucklagen überzogen, geglättet und gemalt worden. Wir müssen uns überhaupt dieses Verfahren ganz dem von mir oben geschilderten modernen analog denken, aber den Unterschied nicht aus dem Auge verlieren, dass sich hier bereits drei oder vier Sandmörtellagen auf der Mauer befanden, die noch alle durch und durch feucht waren, und von welchen man auch, wenn die Arbeit zeitraubend war, die oberste erst auftragen konnte, bevor man das zweite Stück begann. Doch musste es in den meisten Fällen ausreichen, wenn man nur die zwei letzten oder selbst nur die letzte

---

146) Auf diese wenigen, sehr sichtbaren, einfachen, horizontalen und verticalen Ansatzfugen hat merkwürdiger Weise Wiegmann zuerst aufmerksam gemacht und die richtigen Schlüsse daraus gezogen. Doch gingen seine Beobachtungen nicht hierüber hinaus.

feine Marmorstuckschicht besonders auftrug, da es sich vorzüglich um die Frische der Oberfläche handelte. Erst nach Vollendung des Mittelfeldes wurde rechts der übrige Theil der Wand in der Linie *f k l* angesetzt und links in der unregelmässigen *i h m n a*, weil hier der Grund zu trocken geworden war, um die Borte noch malen zu können. Zuletzt wurde der Sockel in der unregelmässigen Form *a n m g k l* angesetzt [147]. Die Seitenfelder bestehen aus zwei, durch den Schaft *e c* getrennten Theilen, die aber als eine Fläche aufgetragen wurden. Hier zeigt sich uns nun eine äusserst geschickte Benutzung des Vortheils, welchen die Alten durch ihren schönen, dichten Marmorstuck vor uns voraus hatten: der Schaft *c e* nebst dem kleinen Bildchen *d* erhebt sich nämlich etwas über das Niveau der Fläche und man bemerkt hier deutlich, dass er von oben bis unten mit einer dünnen Lage von Marmorstuck auf die Fläche aufgetragen worden war, an welche er sich an den Rändern in einer leichten Facettirung wieder anschliesst; in dem Bildchen *d* liegen dagegen einige Stellen unter dem Niveau der Fläche und wir können daran erkennen, dass hier, wie auch muthmasslich in der Mitte des Schaftes, etwas Grund ausgekratzt worden war, damit die neuaufgetragene feine Masse sich fester mit der Umgebung verbinde. Hier geschah dies nur, um den Schaft und das Bildchen, die man zuletzt malte, als man die Stelle nicht mehr für nass genug hielt, doch auch noch *a fresco* malen zu können: also selbst bei einer so unbedeutenden Sache zog man Fresco der Temperaaushülfe vor, ein Kunstgriff, welchen wir noch zu verschiedenen andern Zwecken auf das schlaueste verwendet finden werden. Diese Entdeckung war für mich der Schlüssel zu vielen Erscheinungen in der alten Frescotechnik, die mir bis dahin unklar geblieben waren, weil es mir bei der Einfachheit unseres modernen Frescoverfahrens nicht in den Sinn kommen konnte bei jenen antiken Frescomalern ein derartiges Raffinement vorauszusetzen. Dieser Wand gegenüber befindet sich ein Pfeiler, an welchem nur die unteren Sandmörtellagen aufgetragen sind, und zu beiden Seiten der Thüre nach dem hinteren Zimmer sind zwei schmale Pfeiler, an welchen zwar schon der weisse Marmorstuck aufgetragen und geglättet, aber noch nicht bemalt war. Wir sehen

---

[147] An Punkt *a* sieht man, dass der schwarze Streifen, der längs des Sockels hinläuft, schon gezogen war, als man den letzteren anputzte, wodurch er wieder halb verdeckt wurde, da man die Ansätze oft nicht scharf anstiess, sondern etwas übergreifen liess. Der schwarze Streif wurde dann nochmals halb auf das Alte, halb auf das Neue gezogen.

hieraus, dass dieser Raum bei der Verschüttung in Reparatur [148]) und noch unfertig war.

Taf. A stellt die Wand en face in dem grossen Raume hinten rechts im Peristyl der casa di Cornelio Rufo dar. Sie ist von dem Wetter so verwaschen, dass nur noch die Spuren der Hauptfarben erhalten sind: das reiche Detail ist ganz verschwunden; der obere Theil des Bewurfes ist abgefallen; der Sockel ist besonders angeputzt. Der mittlere Theil *a b c d*, ein Bild von 1,22 Breite, eine in Pompeji nicht häufige Grösse, ist zuerst gemalt, (ich werde später sagen, woran ich das erkenne); sodann ist rechts und links der übrige Theil der Wand angeputzt, dann der rothe Grund auf den Streifen *e e e*, und der gelbe auf dem Feld *f y h i* gestrichen worden. Die Räume zwischen den Streifen *e e e* behielten die weisse Farbe ihres Marmorstucks, und auf diesen wurde der obere Theil der mit *m* bezeichneten Architektur gemalt. Damit hatte der frische Grund das Mögliche geleistet, und nun nahm man zu den oben beschriebenen Hülfsmitteln seine Zuflucht. Alle die mit *m* bezeichneten Theile wurden nun, um auch sie *a fresco* ausführen zu können, mit einem frischen dünnen Stucküberzug bedeckt, nachdem man den alten darunter tüchtig benetzt, dann theils aufgekratzt, theils ausgehöhlt hatte, jedoch an den meisten Stellen mit Schonung der Grenzen, an welchen sich der neue Ueberzug leicht gewölbt aufs feinste, sauberste an die untere Fläche anschliesst: so gut ist dies gemacht, und so trefflich das Material des dichten Marmorstuckes, der an solchen Stellen sehr feinkörnig und mit viel Marmorstaub bereitet wurde [149]), dass es in der That schwer zu sehen und zu bemerken ist. Dafür spricht die Thatsache, dass es bis auf den heutigen Tag übersehen wurde. Nach dieser Darstellung aber wird es für Jeden leicht sein, sich von der Richtigkeit meiner Beobachtungen zu überzeugen. Mit unserm modernen ordinären

---

[148] Dass es kein unfertiger Neubau war, geht aus dem vorzüglicheren Kunstwerth des Parisurtheils und der beiden Bilder Nr. 1378[b] und Nr. 1388 in dem hinteren Zimmer, verglichen mit dem kleinen Apollobilde Nr. 183 (ebendaselbst), hervor, welches später als Reparatur mit anderen verstossenen Stellen der Wandbekleidung eingeputzt und gemalt wurde und von sehr untergeordneter Qualität ist, entsprechend den Reparaturen im hinteren Mittelzimmer des oberen Peristyles an dem Adonisbilde Nr. 333, die alle der gleichen Reparaturperiode anzugehören scheinen. Auch ist der Sockel an den beiden Thürpfeilern höher als an den alten Theilen der Wände, hat eine andre Farbe und ist auf einen ordinäreren Grund aufgetragen, als die alten Theile. Der Bewurf der letzteren ist 0,08 dick!!

149 In dem Fensterschrank des Preziosenkabinets im Museo nazionale habe ich unter den weissen Farben in Nr. 347 auch diese feinzubereitete Stuckmasse gefunden.

Sandmörtel würde es nicht möglich sein, etwas Aehnliches auszuführen; wenn man sich aber einer besseren Composition bediente, so könnte dieses Verfahren zum grössten Nutzen und zur grössten Erleichterung unsrer modernen Frescomalerei, insbesondere der decorativen, von neuem in Anwendung gebracht werden, und es würde mich freuen, wenn ich hierdurch die Anregung dazu gegeben hätte [150]).

Desselben Mittels bediente man sich bei Wänden, die aus ökonomischen Rücksichten nicht mit Marmorstuck überzogen, sondern ganz aus Sandmörtel oder einer andern billigeren Composition bereitet waren, bei welchen aber doch einige Theile weissen Grund haben und den Schein geben sollten, als sei die ganze Wand mit Marmorstuck bedeckt. Dies findet sich übrigens vorzugsweise in den Häusern, in welchen man die eiligere und schon ordinärere und billigere Art des Bauens nach dem Erdbeben vom Jahr 63 deutlich erkennt. Ich gebe Taf. C, Fig. 2 ein solches Stück aus der linken Ala im Atrium der casa del citarista, welches Haus viele interessante Einzelheiten der Art enthält (Eingang von Strada Stabiana). Der Fries ist hier für sich gemalt; der folgende Theil der Wand an denselben angestossen, aber bis unten ohne Sockelansatz als ein Ganzes geglättet [151]); dies war hier sehr thunlich, weil die Wand roh und sehr einfach decorirt ist. Der ganze Theil *a b c d* ist weisser Marmorstuck, der auf den roth gestrichenen Sandverputz, wie die punctirten Linien es zeigen, dünn übergeputzt ist; bei *e f* und *g h* ist das Roth der Umgebung bis an die gelben Säulchen gestrichen, zwischen denselben ist der weisse Grund unbemalt.

Das Gleiche wiederholt sich in der, bei der Verschüttung ebenfalls in Reparatur begriffenen, casa di Tesco, und zwar in dem links vom Atrium gelegenen Raume, in welchem der Goldregen der Danae dargestellt ist. Die kleinen Architekturen auf weissen

---

[150] Ich mache auf folgende ähnliche Fälle aufmerksam: 1. in dem halbausgegrabenen Hause gegenüber dem hinteren Ausgange der casa di Diadumeno in dem schön und reich decorirten kleinen Raum, in welchem das kleine Aktaionbild Nr. 249. 2. In casa dei Dioscuri, die linke Wand in dem sogenannten Wintertriclinium, in deren Mitte Bild Nr. 1390. 3. Casa del citarista, die Wand rechts in dem kleinen Raum, zu welchem die erste Thüre rechts aus dem Raum führt, in welchem sich das Parisurtheil Nr. 1286 befindet. 4. Haus neben casa di Diadumeno, die Tablinumwände, wo die Ansätze an den rothen Vorhängen hinlaufen. 5. Casa di Tesco, die lange Peristylwand rechts, wo jedes Feld bis zu dem Pilaster, und dieser wiederum für sich besonders angeputzt ist.

[151] In der gegenüberliegenden Ala ist der Sockel dagegen besonders angeputzt, weil er reicher decorirt ist, mit gehetzten Thieren.

Grunde sind ebenso behandelt; der Marmorstuck ist hier auf einen Scherbenmehl- und Sandstuck aufgetragen und an den Rändern fein facettirt beigeputzt.

Auf diese Weise auch, und also immer unter Wahrung des soliden Frescoverfahrens, sind die meisten Ausbesserungen beschädigter oder verscheuerter Stellen in den farbigen Wänden behandelt, wo man heutzutage wahrscheinlich unbekümmert eine Leim- oder Temperafarbe übergestrichen haben würde. Die selbst bei der schon abnehmenden Tüchtigkeit des alten Bauhandwerks doch immer noch solide Richtung desselben liess sich darauf nicht gerne ein. Ich gebe ein sehr interessantes Beispiel der Art Taf. C, Figur 3, das ich in casa dei Dioscuri entdeckte, und welches als Reparatur nicht trefflicher ausgeführt sein könnte. An der Langwand des Peristyles nämlich, an dem jetzt gedeckten Theil, war der Sockel und der untere Theil der gelben Säulchen, die die Wand in Felder eintheilen, entweder durch den Gebrauch oder, vielleicht schon durch einen Beginn der Feuchtigkeit, die sich auch jetzt in dem untern Theil dieser Wand zeigt, verdorben, und man trug daher, wie die Linie *a b c d e f g h i k l m* zeigt, neuen Marmorstuck dünn auf, und verband den erhöhten Auftrag auf das sorgfältigste mit der darunter liegenden älteren Schichte; das grüne Feld *n o p q* wurde ganz frisch überzogen, an den abgerundeten Ecken oben sieht man die ältere Unterlage die scharfen Ecken bilden; alle diese Farben sind sehr gut wieder getroffen nur die Schattirung der Schraubenzüge in den Säulchen ist etwas röthlicher geworden.

Ebenso, wie die erwähnten grünen Felder, sind in Taf. B, Fig. 3 die dunkelviolettrothen Felder *a b c d* und *e f g h* mit Guirlanden über die älteren darunter liegenden gleichfarbigen als Ausbesserung frisch übergeputzt; wiederum erkennt man das an den abgerundeten Ecken sehr deutlich. Auf den beiden andern Wänden desselben Raumes sind keine Reparaturen; auf allen dreien hatte man in einer Ecke angefangen und das erste Feld bis an den Pilaster geglättet und gemalt, dann den Pilaster für sich allein angeputzt und an diese Fuge wieder das folgende Feld angesetzt. Dieser Raum liegt rechts vom Atrium der neuausgegrabenen casa di Teseo (s. Note 81), die eine reiche Fundgrube interessanter Einzelheiten für unsern besondern Zweck ist, da auch sie in Reparatur begriffen war.

Von den vielen antiken Ausbesserungen in casa del citarista hebe ich namentlich das kleine Adonisbild (Nr. 333) im Mittelraum an dem hinteren schmalen Ende des oberen Peristyles hervor (s. Fig. 6), in welchem ungefähr ein Drittel nebst einem angrenzenden Stück der Wand herausgestossen worden sein musste, hier aber sehr roh und unsauber, mit sehr schlechter Masse, wieder ausgefüllt und eben so roh wieder *a fresco* bemalt worden ist. Hier hat der Maler oder Pfuscher den Farbton aber ganz verfehlt; mit Temperafarbe hätte er es wenigstens leichter treffen können.

Fig. 6.

Unter allen diesen Ausbesserungen, insbesondere in der casa di Teseo, wo noch kein Wachsüberzug die Untersuchungen an den Wänden unmöglich machte, fand ich keine einzige, die mit Leimfarben gemacht gewesen wäre. Doch vermuthete ich eine solche in dem blauen kleinen Zimmer der casa di Marco Spurio über dem in die Wand sehr unsauber und roh eingesetzten Glasfensterchen. Die Marmorstucklage ist schon vor der Verschüttung abgefallen gewesen und man hat daselbst auf die blossgelegte oberste Sandmörtelschichte eine hässlich rothe Farbe roh aufgestrichen, die sich aber sowohl durch ihren Ton, als wie durch ihre Festigkeit als eine Kalkfarbe, die *a fresco secco* (wovon später) aufgestrichen wurde, zu erkennen gibt. Andere Ausbesserungen in demselben Raume, auch mit rother Farbe, sind hingegen *a fresco* gemacht und es ist zu diesem Zweck eine Lage von grobem Scherbenmehlstuck aufgetragen worden [152].

Ausser den von mir hier beschriebenen Ansatzfugen in den ornamentalen Theilen der Wände sehen wir aber auch häufig die Bilder, viereckige sowohl als runde, welche die Centren einzelner Wandfelder bilden, von Ansatzfugen umgeben, die zuweilen leicht zu erkennen sind, **häufig aber sich der Beobachtung ganz entziehen.** Diese Fugen zeigen bei näherer Untersuchung sehr wesentliche Verschiedenheiten [153], die aus vier verschiedenen Ursachen abzuleiten sind:

1) Wenn der Schnitt der Ansatzfuge mit der Bildfläche einen

---

152) Dieses ursprünglich höchst elegante Schlafzimmer — als solches ist es kenntlich durch einen erhöhten Raum für das Bett —, ist von seinem späteren Inhaber, der von dem ersten sehr verschieden gewesen sein muss, aufs roheste verunstaltet und geflickt worden.

153) Diese Ansatzfugen an den Bildern hat Wiegmann auch bemerkt, und sagt von ihnen, M. d. Alten p. 39: »Aber die Richtung dieser Ansatzschnitte zeigt, dass der Stuck zu den Bildern zuerst angetragen und bemalt worden ist, da sich derselbe nach allen Seiten auswärts unter dem Stuck der Umgebung verliert.« Wiegmann hat hier zu wenig beobachtet und einen unrichtigen Schluss gemacht. Es wird sich im Laufe dieser Untersuchungen zeigen, dass gerade diese Gattung von Ansätzen nur sehr selten vorkommt, und naturgemäss nur selten vorkommen kann. Alles Andere, weit Wichtigere ist ihm entgangen, weil auch er selbst immer noch zu sehr nach unserer moder-

stumpfen Winkel bildet, wie Fig. 7 zeigt, so ist dies ein sicherer Beweis, dass hier das Bild zuerst gemalt, an seinen Rändern im stumpfen Winkel abgeschrägt und dass sodann erst der Bewurf der umliegenden Wandtheile angetragen oder vervollständigt wurde. Dies konnte natürlich nur bei solchen Bildern geschehen, die einen sehr grossen Raum in der Wandeintheilung einnahmen, so dass man ihren Platz gleich anfangs mit Sicherheit bestimmen konnte, und die sich an festbestimmte Eintheilungen der Wandfläche anschlossen, namentlich oben bis an den Fries reichten; denn sonst würden sie bei dem Verputzen von darüber liegenden Wandtheilen dem Beschmutzen mit Mörtel, also dem Verderb ausgesetzt gewesen sein. Für Bilder, die sich inmitten eines Feldes befinden, taugte es also gar nicht, dieselben vor der Bewerfung und Bemalung des sie umgebenden Grundes ausführen zu wollen. Wir finden daher diese Fugen nur bei Bildern, die vom Friese bis an den Sockel, oder eine demselben nahe liegende scharfe Abtheilung hinabreichen. Das verwischte Bild auf Taf. A ist ein Beispiel dieser Art; durch eine, an einigen Stellen der stark geöffneten Fugen eingeführte feine Nadel, kann man sich von der Richtung des Schnittes überzeugen. Ein zweites Beispiel dieser seltnen Gattung ist das Parisurtheil Taf. B, Fig. 2 (Nr. 1266). Jenes hat 1,22, dieses 1,12 Breite; es bedurfte also eines absolut frischen, lange feucht bleibenden Grundes, um so grosse Flächen mit vielen Figuren *a fresco* ohne Ansätze zu malen. Bei dem Parisurtheil erkennt man

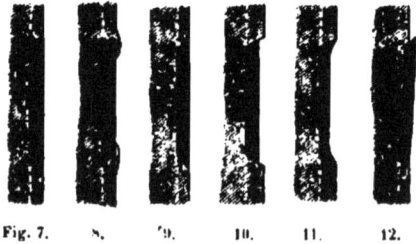

Fig. 7.   8.   9.   10.   11.   12.

den früheren Auftrag daran, dass der Stuck der neben angeputzten Wandtheile etwas erhöht über die Ränder des Bildes in dasselbe hineingreift (s. Fig. 8).

---

nen Frescotechnik urtheilte, und die Fülle verschiedener Mittel, deren sich die Alten immer zur Erreichung des gleichen Zweckes bedienten, noch nicht bemerkt hatte.

2) Bildet der Schnitt der Ansatzfuge mit der Bildfläche einen spitzen Winkel (s. Fig. 9), so ist dies ein untrügliches Zeichen, dass hier der umgebende Wandtheil zuerst gemalt und in der Bildfläche erst zuletzt der schon zu trockne Grund ausgeschnitten worden ist, um neuen, frischen einzutragen. Dies findet sich weitaus am häufigsten bei Bildern von geringer und von mittlerer Grösse, die in Pompeji die vorherrschenden sind, und meist inmitten der farbigen Felder stehen. Bei jenen von mittlerer Grösse, deren Platz man gleich von Anfang an bestimmen konnte, lag es in der Natur der Sache, dass man nicht den ganzen Raum, den sie einnehmen sollten, bewarf und glättete, wenn man nicht sicher wusste, dass dieser Grund noch hinreichend frisch sein würde, wenn die Zeit herangekommen war, um das Bild nach Vollendung aller höher liegenden Wandtheile in Angriff zu nehmen. Es genügte, die Grenzen desselben nach Innen bei dem Anwurfe etwas zu überschreiten, dann den Rand scharf im spitzen Winkel abzuschneiden und den Grund ganz frisch einzutragen.

Ein günstiger Zufall gibt mir das Mittel an die Hand, die Richtigkeit dieser Anschauung zu beweisen. In dem Atrium des Hauses neben der casa di Diadumeno befinden sich nämlich auf den Wandpfeilern rechts und auf der ununterbrochenen Langwand links Landschaften in Medaillons, die mit oblongen Thier- und Fruchtstücken wechseln; die Katastrophe vom Jahre 79 muss die Vollendung der Arbeit unterbrochen haben, denn die Bilder sind zu schön, frisch und unversehrt, als dass sie dem Verderbe durch den Gebrauch schon lange hätten ausgesetzt gewesen sein können. Von diesen Medaillons ist jenes auf dem zweiten Pfeiler rechts noch nicht gemalt gewesen; aber es ist ungefähr 0,01 tief in der oben beschriebenen Weise sauber und scharf ausgeschnitten, bereits wieder mit der ersten Lage gröberen Marmorstucks bedeckt, und es fehlte nur noch die letzte, feinere von 0,002 Dicke, um es zur Aufnahme der Malerei geeignet zu machen. Eine genaue Betrachtung zeigt, dass alle andern Bilder daselbst in gleicher Weise eingeputzt sind, und zwar so sorgfältig, dass sie genau im Niveau der Wandfläche liegen. Ein Einziges, von welchem ich später reden werde, gehört in eine andre Kategorie.

Bei grösseren Bildern fand ich öfters, dass man nicht nur die Schichten des Marmorstuckes wegnahm, oder gleich anfänglich wegliess, sondern auch noch eine oder zwei Lagen des Sandmörtels, um bei dem Einputzen einen lange frisch bleibenden Grund zu erzielen; ich habe Bilder gefunden, bei welchen die Tiefe der Spalten 0,03 betrug, ja einige offen gefundene Stellen für Bilder, z. B. in casa Nr. 26 in strada

62 Charakteristisches der bemalten Wandflächen in Pompeji.

della Fortuna, in dem Zimmer, in welchem die Darstellung des kleinen schlangenerwürgenden Herakles, zeigen, dass man manchmal bis auf die erste Berappung hinabging. Dabei konnte es leicht vorkommen, dass entweder die dicke Vorputzmasse beim Trocknen etwas schwand oder auch nicht sorgfältig genug in das Niveau der Wand gleich anfänglich gelegt worden war, sondern etwas **unter** demselben blieb (siehe Fig. 10) und hiervon ist das Fragment einer Landschaft auf der rechten Seite des Tablinums in casa di C. Rufo ein sehr auffallendes Beispiel; wenn aber die tieferliegende Masse gegen die Wandfläche hin an den **Rändern doch beigeputzt** wurde, so bringt dies das muldenförmige Aussehen hervor, welches Fig. 11 zeigt; ein Beispiel hierfür ist die letzte Landschaft rechts im Peristyl der casa di C. Rufo. Zuweilen hat sich auch durch einen auf die Mauer ausgeübten Druck oder eine Senkung diese eingeputzte Masse **etwas losgelöst**, und wir sehen einen Theil derselben aus der Wandfläche hervortreten wie in Fig. 12 [154]. Es ist für alle diese Einputzungen charakteristisch, dass die Ecken fast **nie scharf sondern meistens abgerundet** sind, weil das saubere Einputzen der Ecken eine gewisse Schwierigkeit hat, die man lieber umging. Auf Taf. A ist dies an dem kleinen eingeputzten Bild *A* deutlich zu sehen. Bei Bildern, die gemalt wurden, ehe die Umgebung angeworfen war, konnte man dagegen ohne irgend welche Schwierigkeit scharfe Ecken hervorbringen.

3) Des von mir oben bei den architektonischen Malereien beschriebenen Kunstgriffes, durch **Ueberziehen mit einer dünnen Lage frischen Marmorstuckes** die schon etwas zu

Fig. 13. 14.

trocknen Wandtheile wieder zum Binden der Frescofarbe geeignet zu machen, bedienten sich die pompejanischen Maler, die alle Ressourcen der Frescomalerei erschöpften, auch für ihre Bilder. Daher kommt es, dass wir viele derselben sehen, deren Oberfläche sich, wie in Fig. 13, mehr oder weniger stark **über das Niveau der umliegenden Wandfläche** erheben und sich derselben wieder **in einer Art Facettirung** anschliessen. Die dunklen Borten, die meist gerade über diese Facettirung gelegt sind, machen sie oft derart unbemerklich, dass

---

154) Diese aus so verschiedenen Ursachen herrührenden Ansatzfugen wurden insbesondere in den Berichten in Fiorelli Pompeianarum Antiquitatum Historia, irriger Weise dahin erklärt, dass alle solche Bilder, aus zerstörten älteren Wänden stammend, hier wieder eingesetzt worden seien.

man dem ungenügenden Auge durch den Tastsinn nachhelfen muss, um sie zu entdecken.

Ich war nicht wenig erfreut, auch hierfür die Belege in unvollendeten Zimmerausschmückungen in Pompeji zu finden, und nicht minder erstaunt, dass man diesen, in einem Falle schon lange offen liegenden Zeugnissen für die Frescotechnik nicht die entsprechende Deutung zu geben gewusst hat. In dem sog. Priesterzimmer des Venus-Tempels nämlich, zu welchem die erste Thüre links führt, wenn man den Gang betritt, der hinten aus dem Peristyl hinausführt, befindet sich gleich auf der Wand links das bekannte Dionysosbild (Nr. 395), und auf der ihm gegenüberstehenden Wand sehen wir in gelbem Grunde den für ein correspondirendes Bild bestimmten Raum noch weiss, und zwar mit grobem Marmorstuck rauh verputzt, aber im Niveau der Wand liegend [155]). Bei dem Glätten der umgebenden gelben Wand hat man noch in die offne Fläche hinein die Ränder derselben mitgeglättet (siehe Fig. 15) und auch bei dem Streichen eines rothen Tons, den man zuerst auf die Wand auftrug, um dem Gelb mehr Wärme und Leben zu geben, ist man in die Bildfläche etwas hineingefahren; bei dem Streichen der gelben Farbe aber hat man gewissenhaft die Grenzen eingehalten. Untersucht man nun die auf den beiden andern Wänden gemalten Bilder, so wird man finden, dass sie eine leichte Convexität zeigen,

Fig. 15.

und mit feinen Facetten sich an den umgebenden Grund anlegen; sie zeigen uns also, dass sie ebenso vorbereitet gewesen sind wie das nicht begonnene Bild, und dass dieses auch noch mit der letzten feinen Marmorstuckschichte überzogen worden sein würde, um auf dieselbe Weise *a fresco* gemalt werden zu können, nachdem alle Ornamentirung rundum vollendet und für die Bilder keine Gefahr mehr vorhanden war, mit Farbe besprützt zu werden [156]). Das Dionysosbild ist jedoch anders behandelt: es ist sehr tief

---

155) Wiegmann hat dies gänzlich unbeachtet gelassen.

156) Overbeck, Pomp. 2. Ed. T. I, p. 106 berichtigt eine irrige Angabe des Textes von Barré zu Mazois T. IV, p. 44 in Betreff eines angeblich leeren Bildraumes im Peristyl des Venustempels; fügt aber hinzu, es sei ein andres Beispiel eines offnen Bildraumes im Venus-Tempel, von dem es zweifelhaft sei, ob eine Stuck- oder Holztafel darinnen war. Meint er hiermit den oben beschriebenen, so habe ich gezeigt, dass weder das Eine noch das Andere der Fall war; auch wird man im ganzen Complex des Venustempels vergeblich nach einem offnen, vertieften Bildraum suchen.

eingeputzt, wovon ich an einer andern Stelle den Grund angeben werde.

Einen zweiten ebenso interessanten Beleg fand ich in der erst in diesem Frühjahr fertig ausgegrabenen casa di Teseo in dem Raume links neben dem Atrium. Hier ist nur eines der Bilder, die die Wände schmücken sollten, ausgeführt; es stellt den Goldregen der Danae dar; für zwei andre Bilder ist der Raum noch weiss und auch nur rauh mit grobem Marmorstuck verputzt, der aber schon merklich das Niveau der Wandfläche überragt. Dies erklärt sich daraus, dass diese letztere aus schlechterem Stoffe, aus mittelfeinem Scherbenmehlstuck, besteht, auf welchen man für die Bilder den Marmorgrund auftrug, ohne vorher die Fläche viel auszuschneiden. Auf diese rauhe, erste Lage würde die zweite, feinere je erst bei der Inangriffnahme eines der Bilder aufgetragen worden sein und es hätte dadurch eine merklich erhobene Oberfläche mit facettirten Rändern entstehen müssen, wie wir es bei vielen Bildern sehen. Es kommen übrigens auch Fälle, namentlich bei grösseren Bildern vor, wo man den Frescogrund, obgleich die Einputzung eine sehr tiefe war, dennoch über die Wandfläche hervortreten liess und facettirt beiputzte; die Ursache war auch nur die, eine möglichst dicke, lange frisch bleibende Masse zu erhalten. Ein sehr deutliches Beispiel dieser Art ist das Orest- und Pyladesbild (Nr. 1333) im Museum. Fig. 13 zeigt den Durchschnitt eines solchen Bildes, welches die beiden letztbeschriebenen Arten in sich vereinigt.

Man wird mir zugeben müssen, dass alle die hier geschilderten verschiedenen Verfahrungsweisen keinen andern Grund gehabt haben können, als den Wunsch, immer auf frischen Grund zu malen. Wie liesse es sich sonst erklären, dass man sich bei dem offenbaren Streben nach grösster Eleganz den Missständen ausgesetzt hätte, die hierbei unausbleiblich waren, dem Auflegen des Staubes auf jene aus dem Niveau hervortretenden Unebenheiten und Facettirungen, dem Verderben des schon Gemalten bei dem Ansetzen der neuen Stücke und bei dem Eintragen des frischen Grundes? Gewiss, nur der Wunsch die dauerhafteste Malerei, die bei dem Gebrauch der Räume am wenigsten leicht dem Verderb ausgesetzt war, hervorzubringen, konnte ein genügender Grund hierzu sein!

4) Die an so vielen Bildern bemerkbaren Ansatzfugen haben die Ansicht hervorgerufen, dass alle diese Bilder aus älteren Wänden herausgeschnitten und wieder in neuere eingesetzt worden wären. Aus obiger Darstellung wird das Irrige dieser Ansicht genügend hervorgehen. Dass aber die Alten das Herausschneiden und Wiedereinsetzen von Wandgemälden kannten und

ausübten, das wissen wir aus den Zeugnissen von Plinius und Vitruv, die hierin absolut klar sind. Obgleich Beide offenbar ihre Angaben aus derselben Quelle schöpften, so ist doch der Unterschied zwischen den beiden Auffassungen lehrreich und verdient Beachtung. Vitruv sagt l. II, c. VIII, 9: »*item Lacedaemone e quibusdam parietibus etiam picturae excisae intersectis lateribus inclusae sunt in ligneis formis et in comitium ad ornatum aedilitatis Varronis et Murenae fuerunt adlatae.*« Plinius XXXV, 173 drückt sich dagegen folgendermassen aus: »*Lacedaemone quidem lateritiis parietibus excisum opus tectorium, propter excellentiam picturae ligneis formis inclusum, Romam deportavere in aedilitate ad comitium exornandum Murena et Varro. Cum opus per se mirum esset, translatum tamen magis mirabantur.*« Vitruv macht diese Mittheilung um zu zeigen, von welcher Güte und Festigkeit Backsteinmauern sein können und sagt, dass man **die Bilder sammt der Backsteinwand**, worunter übrigens nur eine Lage der Backsteine zu verstehen ist, herausgeschnitten und in hölzerne Kisten gebracht habe, während Plinius nur das *opus tectorium*, die **Bewurfsmasse als den losgelösten Theil** betrachtet. Vitruv, als dem Bauverständigen, ist hierin jedenfalls mehr zu glauben; auch passt dies mehr zu der grossen Bewunderung, die die Versetzung einer solchen Masse nach Rom daselbst erregte. Aber die Auffassung des Plinius, namentlich wenn wir sie mit folgender Nachricht von ihm (XXXV, 154): »*Ante hanc aedem Tuscanica omnia in aedibus fuisse auctor est M. Varro, et ex hac, cum reficeretur, crustas parietum excisas, tabulis marginatis inclusas esse*« — zusammenhalten, zeigt, dass das Loslösen des Mauerbewurfs allein, wenn man Wandgemälde versetzen wollte, eine übliche Sache war [157].

Es musste sich empfehlen die Ränder eines ausgeschnittenen Bildes **nicht im spitzen Winkel** abzuschrägen, da man dieselben hierdurch bei einer unsanften Berührung während der Arbeit des Einsetzens, ja schon bei dem Abschrägen selbst, dem Ausbröckeln ausgesetzt haben würde. Dies war bei **Schnitten im rechten Winkel** nicht zu befürchten, und solche finden sich auch an alten Bildern vor, sicher nachweisbar jedoch nur in **sehr beschränkter Anzahl**. Da solche Bilder vermittelst einer eingetragenen Mörtel- oder Cement-Lage angekittet werden mussten, so konnte es leicht geschehen, dass bei einer nicht sehr sorgfältigen Arbeit diese Lage etwas zu dünn ausfiel und das Bild dadurch etwas unter das Niveau der Wand kam (siehe Fig. 17),

---

[157] In Pompeji löst man jetzt auch meistens nur die Bewurfsmasse los. In einzelnen Fällen aber, wenn sie zu fest an der Mauer haftet, müssen auch die Steine mit herausgebrochen werden.

oder dass die Lage zu stark war, und das Bild dann über die Fläche hervorragte (siehe Fig. 18: ein Beispiel für letzteren Fall ist das kleine Ariadne-Bild N. 1227, im Museum); dunkle Borten, und vielleicht in einzelnen Fällen eine Verkittung, konnten den Uebelstand verbergen. Meisterhaft schön und genau eingesetzt, und zwar so, dass sie mit der Umgebung genau im gleichen Niveau liegen (siehe Fig. 16), sind die beiden kleinen Bacchanale im Museo (N. 1446 und 1447); die feinen Spalten rund um dieselben zeigen deutlich die rechtwinklige Richtung der Einsätze; indessen hängen die Bilder in der jetzigen neuen Anordnung so hoch, dass dies schwer zu sehen ist. Da solche Spalten sich leicht bilden konnten und bei Stucktafeln von bedeutender Stärke eine unangenehme Wirkung hervorbringen mussten, so scheint es, dass man den Schnitt zuweilen in der Form führte, wie Fig. 19 es zeigt, wodurch dieser Missstand bis zu einem gewissen Grade aufgehoben und doch die Ränder nicht geschwächt wurden.

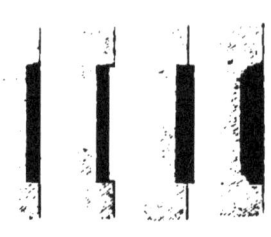

Fig. 16, 17, 18, 19.

Ueber das bestehende Vertrautsein mit dieser Art von Arbeiten giebt uns Vitruv in einer sehr beachtenswerthen Stelle weiteren Aufschluss. Nachdem er nämlich das Verfahren geschildert hat, durch welches die griechischen Tectoren den Wandbekleidungen eine ganz besondere Härte und Festigkeit zu geben wussten, so fügt er l. VII, c. III, 10 hinzu: »*itemque veteribus parietibus nonnulli crustas excidentes pro abacis utuntur, ipsaque tectoria abacorum et speculorum divisionibus circa se prominentes habent expressiones*«: d. h. so bedienen sich auch Einige der von alten Wänden sich ablösenden Krusten statt viereckiger Wandfeldertafeln, und solche Wandbekleidungen haben dann durch ihre Eintheilung in viereckige und spiegelrunde [158]) Platten ringsum hervortretende Relieftheile. Diese Stelle ist in der verschiedensten Weise erklärt und übersetzt worden. Meine Auffassung derselben gründet sich auf die Anschauung jener aus Reliefplatten von verschiedenen Formen und wechselnden Farben bestehenden Wandverzierungen, wie wir sie z. B. in dem mit Nr. 25 bezeichneten Hause in Strada di Stabiae, und in einem Raume am hintern Ende des oberen Peristyles in dem Hause neben casa di Diadumeno finden [159]). Wenn

---

[158]) Vgl. Seneca Epistol. LXXXVII: *Pauper sibi videtur ac sordidus nisi parietes magnis et pretiosis orbibus refulserunt.*

[159] Welcker (allgem. Litterat. Ztg. Oct. 1836 N. 179 p. 199;

es für mich auch keinem Zweifel unterliegt, dass Vitruv Platten für solche Ornamente im Auge hatte, so liegt doch der Gedanke nahe, dass dergleichen auch entweder mit Bildern *a tempera* oder, nach gehöriger Einnetzung und Bedeckung mit einer dünnen Marmorstucklage, *a fresco* bemalt und eingesetzt werden konnten. Uns fehlt heute ein so treffliches Material und man ist genöthigt sich zu ähnlichen Zwecken künstliche Stucktafeln auf Drahtgittern bereiten zu lassen. Die Benutzung jener Tafeln konnte da nützlich sein, wo eine stets sich wiederholende Gattung von Bildern, z. B. Thier- und Fruchtstücke, im Voraus gemacht und bei neuen Decorationen an passenden Orten eingesetzt werden konnten, was bei dem zum grössten Theile sehr geschäftsmässig betriebenen Ausschmückungssystem sehr wohl denkbar wäre. Ich bin auf diese Vermuthung durch den Umstand geführt worden, dass einige eingesetzte Bilder der erwähnten Gattung neben solchen vorkommen, die theils auf die glatte Wand, theils auf frisch eingetragenen Stuck, aber alle von derselben Hand gemalt sind, so dass hierdurch der Gedanke des Ausschneidens aus älteren Wänden ausgeschlossen bleiben muss. Ein Beispiel hiervon ist das erste Bildchen rechts im Atrium des Hauses neben casa di Diadumeno, eine Taube an Trauben pickend (N. 1648), dessen ich oben p. LXI Erwähnung gethan habe.

Aber auch ein materieller Beweis für die geübte Kunst des Ausschneidens und Einsetzens ist uns erhalten worden, und zwar in den vier anmuthigen kleinen Bildern, die man »sauber zugeschnitten«[160]) in Herculaneum auf dem Boden eines mit fei-

---

sieht in den *abaci* und *specula* nur viereckige und runde Stücke angestrichenen Bewurfs, die ihrer seltnen Glätte und Festigkeit wegen edlen Marmorarten noch vorgezogen und statt deren eingesetzt wurden. So sehr ich auch die vorzüglichen alten Stucke bewundere, so glaube ich doch kaum, dass der Enthusiasmus der Alten für dieselben so weit ging, als Welcker voraussetzt.) Auch ist er geneigt die von Lakedaimon in das römische Comitium versetzten Stücke nur für Meisterwerke des Tünchwerks zu halten, die nach pompejanischem System verziert waren. LETRONNE dagegen Lettr. d. ant. p. 72 sieht in ihnen nur durch Ausführung und Sujets interessante Bilder, die man zu erhalten wünschte, nicht aber einfache Wandstücke oder Fragmente von Ornamenten. Vgl. auch Vitr. Ed. Marini, T. II p. 83 Note 22.

160) »*Politamente tagliate*« so sagt der Originalbericht von Camillo Paterni, 21. Febr. 1761, der jeden Zweifel über den Fundort beseitigt. Ich verdanke diese Notiz der freundlichen Mittheilung von Hrn. Professor Justi in Marburg, der sie den Originalberichten selbst entnahm. Winckelmann gibt im 6. Brief an Bianconi, datirt 27. Febr. 1762, Herculanum als Fundort an; ebenso die Pitture d'Ercolano. In dem Sendschreiben an den Grafen Brühl vom July 1762 und in seiner Kunstgeschichte, die 1764 erschien, nennt er Stabiae

nem weissen Stuck bedeckten Zimmers, alle zusammen stehend, gegen die Wand angelehnt fand. Dass diese **nicht auf einzelne Bewurfsplatten** (crustae) gemalt, sondern **aus andern Wänden herausgeschnittene ächte Frescobilder** sind, davon habe ich mich durch die genauesten Untersuchungen überzeugt. Zwei dieser Bilder nämlich, die Schmückung der Braut (N. 1435) und der Schauspielersieg (N. 1460) bilden mit dem sie noch umgebenden Stucke eine ebene, schöne Fläche: die beiden andern aber, das Concert (N. 1462) und der sogenannte Achill mit Patroklos (N. 1359b), ein noch unerklärtes Bild, liegen nicht **ganz in dem Niveau** der Umgebung. Vielmehr liegen namentlich bei dem letzteren einzelne Theile **über**, andere **unter** demselben, und man erkennt hieran, dass sie nicht wie die beiden ersten auf die ursprünglich geglätteten Wände des Raumes, dem sie alle vier angehörten, sondern auf eingetragenen frischen Verputz gemalt sind. Zur Bestätigung dessen dienen die feingesprengten Ansatzfugen, die Beide rings

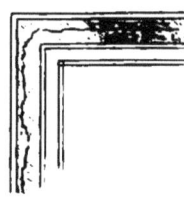
Fig. 20.

umgeben, an den Ecken abgerundet und innerhalb der braunen Borte nur wenig bemerkbar sind (s. Fig. 20). Das Einputzen war auf das allerfeinste und schönste ursprünglich gemacht gewesen. Ich werde zu diesen schon für sich allein untrüglichen Kennzeichen noch ein anderes später hinzufügen und hoffe hiermit den vielfachen Vermuthungen über die Technik dieser anmuthigen Schöpfungen ein Ziel gesetzt zu haben.

Das Auffinden dieser vier Tafeln mag die erste Veranlassung gewesen sein, dass man später, wo man klaffende **Einputzfugen** sah, immer nur **Einsetzungsfugen** sehen wollte [161]. Wie weit der Nachricht über eine Ausgrabung in Civita (Pompeji) im Jahre 1754 zu trauen sei, bei welcher man in einem Zimmer ein Bild (N. 581) an einem eisernen Haken an der Wand aufgehängt [162] und ähnliche Eisen an unausgefüllten Stellen der andern

---

als Fundort und wechselt auch ebenso mit seinen Ansichten über die Herkunft der Bilder, von welchen er nun glaubt, dass sie von den nach der Eruption zurückgekehrten Einwohnern herausgeschnitten und von diesen, die ein neuer Ausbruch des Vesuvs verjagt habe, daselbst zurückgelassen worden wären.

161) Vgl. FIORELLI, P. a. H. 14. Juli 1764. — 21. Juli 1764. — 15. Sept. 1764. — 20. April 1771 etc.

162) Pitt. d'Ercolano p. 159, nota 2 ... *che fu trovata appesa al muro con un rampino di ferro; e nella camera ove si trovò, vi erano delle nicchie simili coi ferri corrispondenti.* Zu dieser schon unklaren Notiz erfindet Canonicus JORIO, peintures anciennes, Naples 1830. p. 12

Wände zu gleichem Zwecke gefunden haben soll, will ich dahin gestellt sein lassen. Ich habe dieses Bild im Museo genau untersucht, aber keine sichre Spur eines Eisens in dem ganz unverletzten Bildchen entdecken können; oben rechts ist eine moderne Verkittung, aber sie ist nicht einmal in der Mitte, und ich wüsste auch nicht, wie man eine in die Wand eingelassene Stucktafel an einem Haken aufhängen wollte! Die Lokalität, wo dies gewesen sein soll, ist in Pompeji nicht mehr aufzufinden.

Ich hege starken Verdacht, dass es sich mit dieser Nachricht ebenso verhält, wie mit einer andern ähnlichen über die **angebliche Einsetzung und Befestigung des Dionysosbildes** (N. 395) im Priesterzimmer des **Venustempels** durch geschickt verborgene Eisen, die sich aus Mazois Werk [163] in verschiedene andere weiter verpflanzt hat [164]). Meine Untersuchungen haben mich überzeugt, dass diese Angabe auf einer Täuschung beruht. Der Bewurf, in welchem sich das fragliche Bild befindet, ist nämlich auf eine aus grossen Thonplatten aufgebaute Wand aufgetragen, wie wir sie in Bädern sehen, wo durch diese Platten, die auf ihrer Rückseite fünf Warzen haben, mit welchen sie sich an die eigentliche Mauer anlehnen, eine zweite Wand gebildet und ein leerer Raum zwischen dieser letzteren und der Mauer geschaffen wird, in welchem die warme Luft circuliren kann. Das Gleiche findet man auch da ausgeführt, wo man sich vor der Feuchtigkeit einer Mauer schützen wollte.

n. 113 noch folgendes hinzu: *cette fresque que l'on a trouvée encastrée dans le bois et par conséquent portative* ... etc. RAOUL-ROCHETTE geht noch einen Schritt weiter (peint. ant. inéd. p. 81, Note 1) und sagt: *la peinture de Cicita, qui fut trouvée enchassée dans le bois, ligneis formis inclusa!* Man sieht die Begriffe über das Einsetzen sind bei Beiden sehr verworren. Man setzt doch kein Bild mit der Holzkiste in die Mauer ein, und *ligneis formis inclusis* bezieht sich nur auf die Kisten zum Transport, aber nicht auf eine Art Einrahmung, mit der man es in die Wand einliess!

163) MAZOIS, Ruines d. Pomp. T. IV, p. 39: Text von Barré: *ce tableau avait déjà été détaché d'une autre muraille et rattaché en cet endroit par des crampons habilement cachés.*

164 So in WIEGMANN, M. d. A., p. 81, der das eine Bild in »mehrere« verwandelt; OVERBECK, Pomp. 1. Edit. p. 89, 2. Ed. T. I p. 106, und R. ROCHETTE, lettres arch. Paris 1840. p. 195 ff., welcher hier Irrthum auf Irrthum, Trugschluss auf Trugschluss häuft. Die Cellawände sind nämlich nur in erhobene Felder von gelblichem Grundton eingetheilt, haben weder architectonische Malereien noch eine offene Stelle, in welcher eine Holztafel eingesetzt war, noch die beiden angegebenen Bilder. Diese befinden sich in dem Peristyl, sind aber weder eingesetzt noch »*fixées au moyen de crampons de fer*«, noch sind ihre Ränder »*grossièrement recouverts de stuc*«, sondern die Bilder sind einfach eingeputzt. Alle Schlüsse R. Rochett's zerfallen hierdurch in sich selbst. Vgl. Note 156.

70   Charakteristisches der bemalten Wandflächen in Pompeji.

Durch diese Thonplatten wurden grosse eiserne Nägel in die Mauer zur Befestigung derselben getrieben [165], und zwei solcher Nägel sind oben an beiden Ecken des Bildes, aber a u s s e r h a l b der Ansatzfugen durchgerostet: in dem oberen Theile des Bildes selbst sehen wir auch solche Rostspuren und sie finden sich, den verwendeten Nägeln entsprechend, über diese ganze Wand zerstreut. D a h e r der Irrthum mit den g e s c h i c k t v e r b o r g e n e n E i s e n ! Das Bild selbst ist von einer Einputzfuge umgeben, die sehr tief ist, und das ist der zweite Grund der Täuschung. Bei diesem Bilde konnte man aber, da in dem kleinen Zimmer, wie man in den Ecken sieht, alle vier Wände gleichzeitig beworfen wurden, nicht zu dem einfachen Mittel des Ueberputzens greifen, wie ich es oben p. 63 geschildert habe, und zwar d e s w e g e n n i c h t, weil auf den Thonplatten, mit einem Luftraum dahinter, der Stuck rascher trocknete, und der Maler hier entweder den Raum für das Bild gleich offen halten oder ihn später tiefer ausschneiden liess, um einen hinreichend die Nässe haltenden Grund für seine Arbeit zu gewinnen.

E b e n s o u n g e g r ü n d e t haben sich mir bei genauer Prüfung aller Umstände die Angaben von G u i l. B e c h i [166] über die im Triclinium der c a s a d i M. L u c r e z i o angeblich e i n g e s e t z t e n grossen Bilder erwiesen, von welchen das eine, gewöhnlich unrichtig Dionysos als Sieger benannt (N. 565), noch an seiner ursprünglichen Stelle, Herakles bei Omphale aber (N. 1140) und die Pflege des Dionysosknaben (N. 379) sich in dem Museum befinden. Die Bilder sind ihrer bedeutenden Grösse wegen sehr tief eingeputzt, circa 0,03, die Fugen aber mit grösster Genauigkeit kleinen Unregelmässigkeiten des Ausschnittes folgend gemacht: dies würde bei Einsetzung nicht möglich gewesen sein; es musste mit der weichen Stuckmasse geschehen. Beweisend ist auch, dass an N. 1140 unten seitlich links genau zu sehen ist, wie der Maler ü b e r d i e s e F u g e n zuerst eine hellröthliche Borte gestrichen hatte, dann aber bei dem Malen des Bildes mit den a n g r e n z e n d e n F a r b e n ü b e r d i e s e B o r t e h i n ü b e r g e f a h r e n w a r und zuletzt hierüber wieder einen dunkleren Bortenton lasirte. Diese Dinge zeigen, dass die Bilder nicht e i n g e s e t z t, sondern e i n g e p u t z t und an der Stelle selbst gemalt sind. Bechi glaubte einen Beweis für die Einsetzung dieser Bilder darin zu sehen, dass die Zusammensetzung des Stuckes bei denselben abweiche von jener der sie umgebenden Wand; ich habe aber schon oben p. 64 gezeigt, dass diese Erscheinung vielfach vorkommt, auch da wo kein Zweifel darüber sein kann, dass

---

165. Sehr deutlich sieht man diese Art der Befestigung und ganzen Einrichtung in dem kleinen Bad der c a s a d e l C i t a r i s t a.
166 Vgl. Museo Borb. T. XIV. Append. p. 8.

die Bilder nicht eingesetzt sind: und in diesem Falle kommt hinzu, dass die sechs kleinen Bilder (N. 757, 759, 760, 766, 767, 768), die demselben Raume angehörten, alle genau dieselbe Zusammensetzung des Stuckes zeigen, wie die grossen, d. h. Marmorstuck mit einzelnen schwarzen Körnern gemischt, und dass von diesen Letzteren drei eingeputzt, drei aber auf die im Ganzen geglättete Wand gemalt sind, also an dem Orte selbst gemacht sein mussten.

Die Anzahl der Bilder, die sicher als eingesetzte betrachtet werden können, ist also, wie aus dem Vorhergehenden sich ergibt, eine verhältnissmässig sehr geringe.

Wir finden aber auch auf den pompejanischen Wänden sehr viele Bilder, die von keiner Ansatzfuge umgeben, sondern, wie die Ornamente und Einzelfiguren, auf die im Ganzen geglättete Wand unmittelbar gemalt sind und zwar ist für dieselben bei dem Streichen des farbigen Grundtons entweder der entsprechende Raum weiss gelassen worden — wobei jedoch dessen Grenzen meist um einige Zolle überschritten wurden, — oder man strich den Grundton über die ganze Wand und malte die Bilder frisch weg auf die farbigen Gründe drauf. Beide Verfahrungsweisen lassen sich an vielen stark abgeblätterten Bildern deutlich wahrnehmen.

Nach dieser Darlegung der charakteristischen Eigenschaften der ganzen Wandflächen in Pompeji, gehe ich nun zu jenen über, die sich uns in den Malereien selbst bemerkbar machen.

VI.

Die charakteristischen Eigenschaften der erhaltenen antiken Wandmalereien.

Bei vielen Bildern und Ornamenten sehen wir auf das Deutlichste, dass die Umrisse der Figuren einzelner und fortlaufender Verzierungen, namentlich auch die architektonischen Constructions- und Hülfslinien, in die frische Wandbekleidung eingedrückt sind [167]. Diese Linien sind der Mehrzahl nach feiner, weniger breit und tief als jene in unsern modernen Fresken. Dies veranlasste Einige zu dem Schlusse, dass diese Linien nicht in den

---

[167] Es ist auffallend, dass Carcani diese eingedrückten Umrisse gar nicht erwähnt (vgl. Osservazioni Pitt. d'Ercol. T. I, p. 274.); sie müssen von ihm nicht bemerkt worden sein. Zuerst machte Raph. Mengs auf sie aufmerksam und schliesst aus ihnen richtig auf Fresco, nach ihm Wiegmann.

feuchten Grund eingedrückt, sondern in den trockenen eingerissen worden seien, dass also die Malereien nicht auf frischen, sondern auf trockenen Grund *a tempera* aufgesetzt sein müssten. Ein solcher Schluss beruht wiederum auf dem gänzlichen Nichtbeachten der durchaus verschiedenen Grundbedingungen des alten Frescoverfahrens verglichen mit dem modernen. Unser moderner Frescogrund ist weich und locker, muss also unter dem Druck einer stumpfen Spitze leicht nachgeben, und die Eindrücke werden noch stumpfer dadurch, dass wegen des dazwischen liegenden Papieres der Druck bei dem Aufpaussen (s. p. 32) noch verstärkt werden muss, wenn sich der Strich auf dem graulichen Bewurfe deutlich zeigen soll. Der antike Bewurf hingegen ist weiss, dicht und fest; man sieht also auch einen feinen Strich schon deutlich genug, und da man in der Regel nicht durchpausste, so wurden schon dadurch die Striche weniger breit und tief. Sie zeigen sich aber verschieden je nach der Beschaffenheit des Instrumentes, mit dem sie eingedrückt sind, oft sehr fein und scharf, wenn sie mit dem schneidenden Theil einer Spitze gemacht wurden, und breiter, wenn man die breitere Fläche derselben benutzte. Von dieser letzteren Beschaffenheit, und den modernen Paussstrichen sehr ähnlich, sind die eingedrückten Umrisse auf dem Iphigenienopfer (N. 1304), von welchem ich auf Tafel B, Fig. 1 eine Abbildung gebe, auf welcher ich genau die sichtbaren Eindrücke mit punktirten Linien angegeben habe. An den Eintheilungslinien auf der rechten Langwand des Peristyles in casa di Cornelio Rufo [168]) sieht man sehr deutlich, wie das Instrument sich drehte und aus einer fein und scharf begonnenen Linie eine breite wurde; immer aber sind diese Linien weich, weil bei dem frischen Stucke die vereinzelten Marmorstückchen unter dem Druck des Instrumentes sich in die feinere Masse eindrücken, während, wie man sich bei einer Probe leicht überzeugen kann, diese Stückchen ausspringen, wenn man in trocknen, harten Grund eine Linie einreisst, wodurch die Ränder derselben sägeförmig rauh werden. Nur durch den brutalen Gebrauch eines breiten, rauhen Instrumentes, z. B. eines abgebrochenen eisernen Nagels, können ähnliche Wirkungen auf frischem Grunde entstehen. Umrisse dieser Art finden sich als Ausnahmen von der Regel sehr sichtbar an den Kentaurenkämpfen (N. 504) in dem Sockel des Tricliniums in casa del poeta; ob aber das erste

---

[168] Auch auf der Wand Taf. A, sind alle architektonischen Linien eingedrückt, weich; desgl. auf den schwarzen Wänden in casa dei bronzi (della parete nera); im Atrium des Hauses neben casa di Diadumeno, sehr fein, weich etc.

oder das zweite Verfahren die Ursache davon ist, lässt sich aus dieser Erscheinung allein nicht mit Bestimmtheit ableiten, doch komme ich später hierauf zurück.

Ein wesentlicher Unterschied des Verfahrens der alten und der neuen Frescomaler besteht darin, dass die Letzteren ihre Zeichnung fast immer oder immer aus der freien Hand machten, meist, aber nicht immer, sehr flüchtig und kühn, mehr um den Platz für eine Figur, als um ihre Umrisse in ausführlicher Weise anzugeben. Das Bild Fig. 21 und die Figur 22 zeigen solche flüchtige

Fig. 21 u. 22.

Angaben. Von Ersterem werde ich später ausführlich reden; die Letztere ist der sehr verwaschenen schmalen, hinteren Peristylwand im Venustempel entnommen. Umrisse, die den Eindruck von solchen machen, die aufgepausst sind, habe ich kaum welche gefunden.[169] Im Vicolo del balcone pensile N. 4ᵃ, erster Raum rechts, befindet sich ein ganz verwaschenes Bild, bei welchem die Breite der Eindrücke darauf schliessen liesse; dennoch scheint dasselbe aus freier Hand gemacht zu sein. Durch jene Flüchtigkeit des Aufzeichnens geschah es denn auch leicht, dass die Verhältnisse in einzelnen Figuren, leichter und mehr aber noch die Grössenverhältnisse der ferneren zu den näheren in figurenreichen Bildern, verfehlt wurden, und auf ein Verbessern solcher Fehler und auf ein Abändern liessen sich jene Praktiker um so weniger ein, als die Schnelligkeit in der Ausführung eine Haupt-

---

169) Der Papyrus der Alten war in seinen schlechten Qualitäten nicht geeignet für Cartons zum Durchpaussen; der grosse, bessere zu kostbar für solche Zwecke. Feine, mit Wachs getränkte Baumwollen- oder Leinwandstoffe, oder auch, wie im frühen Mittelalter, dünn geschabtes und mit Oel getränktes Pergament (vgl. CENN. CENNINI, Cap. XXIV u. XXV) hätten wohl einen Ersatz bieten können. Aber alle diese Mittel waren den damaligen Künstlern für solche Zwecke entweder zu kostspielig oder zu umständlich.

bedingung dieser Technik war. Hätten sie *a tempera* auf trocknen Grund gemalt, so hätten sie sich die Zeit nehmen können, ihr Bild gemüthlich mit Kreide oder Kohle aufzuzeichnen und alles wohl an den richtigen Platz zu bringen, wozu es ihnen an richtigem Blick durchaus nicht gebrach.

Wenn man auch auf den nassen Grund weder mit Kohle noch mit Kreide zeichnen kann, so ist doch, sobald man aus freier Hand arbeitet, der Pinsel hierzu ein ebenso geeignetes Instrument, und dass man sich desselben zu diesem Zwecke viel bedient hat, zeigt die Abwesenheit eingedrückter Umrisse in vielen Bildern, die nicht immer eine Folge davon ist, dass dieselben durch den dicken Farbenauftrag ausgefüllt worden sind, und die noch weniger als Beweis gelten kann, dass solche Bilder *a tempera* ausgeführt sind. War das Zeichnen mit dem Pinsel in den durch Borten eingefassten Bildern, in welchen ein unrichtiger Strich durch die Malerei selbst wieder zugedeckt wurde, ganz anwendbar, so musste es unzweckmässig werden, da wo in Bildern, was sehr häufig vorkommt, der weisse Marmorstuck als Hintergrund belassen wurde, oder bei Figuren, die frei auf weissem Marmorstuck oder farbigen Feldern schweben oder stehen. Denn war in diesem Falle ein unrichtiger Pinselstrich gezogen, so war es, da die Frescofarbe sehr rasch mechanisch von dem Grunde festgehalten wird, schwer und unbequem, denselben wieder wegzuwaschen, wobei meist trübe Stellen zurückbleiben; ein eingeritzter feiner Contur war dagegen, wenn er nicht mit Farbe bedeckt werden konnte, weit weniger auffallend, und meistens beobachteten die Künstler auch die Vorsicht, alle ihre Figuren weit schmäler vorzuzeichnen, als sie werden sollten. Trotzdem konnte es damals wie heute einmal daneben gehen, und dass dies geschah, zeigen in Fig. 23 die Correcturen an dem Vorderarme des zum Opfer gehenden Mädchens (N. 1805), welche eingeritzt und dadurch auf dem weissen Marmorstuck-Grund weniger störend sind, als wenn sie mit Farbe gemacht wären. Die hier schraffirte Stelle

Fig. 23.

am Vorderarm zeigt, dass der Maler, dem der erste Irrthum doch zu grob schien, denselben dadurch wieder gut machen wollte, dass er den eingedrückten Strich durch Plattdrücken in dem noch weichen Grunde zu verlöschen suchte, wodurch er den letzteren etwas verdarb. Genau dasselbe wiederholt sich im Mittelraum hinten im Peristyl der casa di Olconio an dem stehenden Einzelfigürchen links vom Hauptbild der Rückwand. So finden wir auch an dem sitzenden Krieger im Pantheon (N. 940) den schon zu tief hinabgerückten rechten Oberarm durch Ueberstreichung mit weisser Farbe corrigirt, ein Verfahren, welches auf dem weissen Marmorstuck einen trüben, dunklen Fleck hervorgebracht hat; hätte der Maler *a tempera* gemalt, so hätte er das *corpus delicti* weit besser mit dem Schwamme beseitigt; dies ging *a fresco* nicht, da die Farbe schon zu fest sass.

Diese hier mitgetheilten Beobachtungen haben mir auch die Gewissheit gegeben, dass die grossen herculanischen Bilder, Herakles mit Telephos (N. 1143) und Theseus mit dem Minotaurus (N. 1214), gleichfalls *a fresco* ausgeführt sind, so wenig mir dies selbst bei erster Betrachtung, die noch unter dem Eindruck meiner modernen Frescomalereibegriffe stattfand, wahrscheinlich schien. Es sind nämlich auffallend deutlich gedrückte Umrisse in dem ersten dieser Bilder nicht nachzuweisen, weil sie grösstentheils unter dem dicken Farbenauftrag verschwunden sind, bei dem letzteren aber nicht, weil sie mit dem Pinsel gezeichnet waren. Dies liess sich an dem Theseus vor der vor kurzem unternommenen Restaurirung unter den zahlreichen Abblätterungen der Farben deutlich sehen; ich habe im Mai 1867 eine genaue Zeichnung dieser mit einer rothbraunen Farbe gezeichneten und in der Ausführung überschrittenen Umrisse gemacht, wie sie in Fig. 24 die punktirten Linien bezeichnen [170]. Fehlen uns also an diesem Bilde die eingedrückten Umrisse als Beweismittel ganz und gar, und sind sie auf dem Herakles-Bilde nur in einzelnen Stellen, z. B. als einfache Angabe der Handgrenze, in der Linie *a b* und in Punkt *c*, Figur 25, ziemlich deutlich zu er-

Fig. 24.

---

[170] Diese Art aus freier Hand mit dem Pinsel auf den frischen Bewurf zu zeichnen, hat sich im byzantinischen Reiche erhalten. Der Mönch Dionysius sagt § 59: »Wenn du auf eine Mauer skizziren willst,

kennen, so bietet sich uns in dem Letzteren ein anderes. An dem innern Oberarmcontur der Arcadia und an dem äusseren der Flügelfigur (s. die schraffirten Stellen an Fig. 25 und Fig. 26) finden wir nämlich bei genauer Betrachtung, namentlich wenn wir die betreffende Stelle von der Seite betrachten,

Fig. 25.

Fig. 26.

dass der Künstler auch hier ihm nicht zusagende, eingedrückte Conture durch Plattstreichen des Grundes vermittelst eines Instrumentes, dessen Eindrücke man noch erkennt, wieder zu beseitigen suchte. Ich wiederhole es, dies konnte nur auf frischem Stuck geschehen, nicht bei Tempera. Da beide Bilder aus demselben Raume stammen, so darf man von dem Herakles auch auf den Theseus zurückschliessen, der keine untrüglichen Zeichen der Frescotechnik an sich trägt: denn mit dem Pinsel gezeichnete Umrisse sind der Tempera wie dem Fresco eigen.

Jenen, die immer nur nach den modernen Begriffen einer gezwungen stückweise behandelten Frescomalerei und ohne Kenntniss der ganz andern Bedingungen der antiken Technik diese Bilder betrachteten, musste es allerdings als beweisend erscheinen, dass man innerhalb solcher Bilder, welche von so grossem Umfange wie die letztgenannten Gemälde und andere sind, keine Ansatzfuge zu entdecken vermochte. Wie aber wenn deren dennoch welche existirten und man sie bis jetzt nur nicht zu finden gewusst hätte? Und dass sie existiren, kann ich an Beispielen, die ich aufgefunden habe und von deren Vorhandensein sich nun ein Jeder selbst wird überzeugen können, nachweisen. Es sind deren zwar nur zwei; aber diese geringe Zahl kann nicht befremden, wenn man in Anschlag bringt, dass

1) diese Ansätze, wenn sie überhaupt nöthig waren, von geübten Stuckarbeitern sehr sorgfältig gemacht wurden und unter dem dicken Farbenauftrag der alten Fresken leicht ganz unbemerkbar werden mussten; dass

---

so mache zuerst die Oberfläche ganz gleich ... zeichne zuerst mit dem Pinsel leicht, dann mache die Skizze mit reinem Oker.« Noch heutzutage arbeiten die Mönche auf dem Berge Athos in derselben Weise. Didron (vgl. SCHÄFER, Hdbch. d. Mal. v. B. Athos, p. 95 u. 96) sah den P. Joasaph in einer Stunde ein Gemälde mit zwölf lebensgrossen Figuren und zwei Pferden aufzeichnen und es ohne Ansätze auf den in oben beschriebener Weise (s. Note 115) präparirten Bewurf mit Hülfe seiner Schüler vollenden.

2) durch das antike Verfahren bei Anfertigung der Wandbekleidungen dieselben sich so lange nass erhalten konnten, als nöthig war, um ohne Ansätze mittelgrosse Bilder auszuführen, wie die meisten in Pompeji es sind, und dass

3) der grösste Theil derselben zwar mit bewunderungswürdiger Sicherheit und Kühnheit, aber doch nur in einer durchaus decorativen Weise behandelt ist, die mit der zeitraubenderen, nach Durchführung strebenden Tendenz unserer modernen Frescomalerei nicht verglichen werden darf.

Wenn aber auch viele der Bilder von höchst mittelmässigen Gesellen in roher und gefühlloser Weise ausgeführt sind, so zeigen doch sehr viele andere eine so gründliche Kenntniss des menschlichen Körpers, eine so geschmackvolle, leichte und charaktervolle Behandlung des Faltenwurfes und so vortreffliche, einer grossen Kunstanschauung so durchaus würdige Grundsätze in dem Colorit und in der Farbenanordnung, dass nicht nur das Talent und die Ausbildung der Einzelnen, sondern auch der hohe Grad künstlerischer allgemeiner Einsicht und Durchbildung in jener Kunstperiode unsere höchste Bewunderung verdient. Aber die günstigen Eigenschaften des Bewurfes und jene seltene Fertigkeit und Leichtigkeit in der Ausführung waren dennoch nicht hinreichend, um es einem Künstler zu ermöglichen, ein Bild von so bedeutenden Dimensionen wie jenes des verwundeten Adonis (N. 340) in casa d'Adon ferito *a fresco* malen zu können, ohne zu Ansätzen seine Zuflucht zu nehmen. Das Bild ist nämlich 3,06 hoch und 3,70 breit (incl. Seitengruppen). Diese Ansätze sind aber so geschickt gemacht, dass ich sie erst nach wiederholten Untersuchungen und bei günstiger Beleuchtung entdeckte. Die Zeichnung auf Taf. C, Fig. 1 zeigt in den punktirten Linien den Gang derselben, soweit ich ihn mit Sicherheit erkennen konnte: wo dies, wie in den Punkten *f*, *g* u. *h* nicht der Fall ist, habe ich dieselben auch nicht ergänzt: doch wird jeder Frescomaler leicht sehen, wie dieselben weiter geführt sein mussten. Der Gang der ganzen Arbeit erklärt sich leicht.

Das Bild ist rechts und links von gemalten rothen Pilastern begrenzt, an welche sich noch Wandflächen ungefähr in der Grösse des Mittelbildes anschliessen. Diese sind von sehr ungeschickten Gehülfen mit Busch- und Blumenwerk mit vielen Vögeln, auch einer schlechten Figur bemalt, und zwar wurde der Theil *a* bis an die innere Grenze des Pilasters zuerst beworfen, dieser roth gemalt und das Roth hinab bis ungefähr unter die Schultern des Cheiron und des Achill (N. 1295) geführt, zugleich der Luft- und der hellgrüne Localton des Buschwerkes auf derselben Seite gestrichen, und zwar bis in die Cheirongruppe hinein, welche alsdann der Meister in Angriff nahm, zuerst die Köpfe über den rothen Grund des Pilasters, die untern Theile aber über jene grüne Unterstreichung malte und zuletzt auch über diese das Roth des Pilasters strich, welches wieder zwischen den Pferdebeinen erscheint. An den stellenweisen Abblätterungen lässt sich der ganze Gang erkennen. Sodann wurde der ganze Theil *bbb* angetragen inclusive des Pilasters, an dessen äusserer Grenze der Ansatz hinabläuft, und der Künstler malte alsdann den oberen einfachen Theil des Hintergrundes, liess sich den rothen Pilaster anstreichen und malte die jetzt halb zerstörte Gruppe darauf, an welcher das Roth tiefer hinabgestrichen worden ist, als bei der ersten. Hierauf malte er der Reihenfolge nach die Stücke *c*, *d*, *e*. Die Hand der Aphrodite, die den rechten Arm des Adonis unterstützt, malte er nicht zugleich mit dem Stück *d*, sondern er schnitt sie erst sorgfältig und genau aus, als er das Stück *e* malte, und liess frischen Bewurf in die leere Stelle eintragen, eine sehr schwierige Operation, die aber hier auf das Trefflichste und fast unbemerkbar ausgeführt ist. Dies geschah, um diese Hand zugleich mit dem Kopf und der linken Hand der Aphrodite malen und in denselben Ton bringen zu können, da es im Fresco sehr schwierig ist, einen gemischten Ton später genau wieder ebenso hervorzubringen. Das beweist der Ansatz in dem Theil *c*, der das Gewand der sitzenden Localgottheit durchschneidet und sich dadurch unverkennbar ankündigt, dass der Maler hier den Ton des oberen Gewandtheiles nicht mehr richtig traf; der untere Theil ist scharf abgegrenzt, beträchtlich dunkler und trüber als der obere. Dieser Ansatz, wie auch die angrenzenden, sind nicht in der Art gemacht, dass die beiden Theile aneinander gestossen wurden, sondern, wie ich es bei den Architekturen beschrieben habe, so dass der eine Theil etwas erhöht über den andern übergeputzt ist: dies findet indessen nicht statt an dem linken Arm und dem Kopfe des Adonis, noch auch an dem längs des Achill hinlaufenden Ansatz. Noch ein anderes Mal missglückte das Nachmischen der Farbe in diesem Bilde dem Maler, und zwar an dem rothen Pilaster rechts, von welchem bei dem Malen des Theiles *e* ein Stück mit herausgeschnitten worden war: dieses Stück ist um vieles heller aufgetrocknet als das andere.

Das zweite nicht minder interessante Beispiel bietet sich uns in der schönen, wahrhaft künstlerisch gedachten und ausgeführten Einzelfigur der Medea (N. 1264) im Museo nazionale, in welcher Panofka[171]) und Welcker[172]) eine Copie der

---

[171] Annal. d. Inst. Archaeol. 1829. p. 243.
[172] Kleine Schrift. T. III p. 450 ff.

Medea des Timomachos zu sehen und daraus, der Erstere mit Bestimmtheit, der Letztere zweifelnd, schliessen zu können glaubten, dass in jenem Bilde die Medea ohne die Kinder dargestellt gewesen sei. Die Beobachtung, die ich an dieser Figur machte, würde Beiden für diese Untersuchungen interessantes Material geliefert haben. Ich fand nämlich zu meiner nicht geringen Ueberraschung, dass diese Figur rundum von einer Ansatzfuge umgeben ist [173]. Hieraus geht unumstösslich sicher hervor, dass der die Figur umgebende Hintergrund zuerst gemalt worden ist, dass der Maler, nachdem die Figur aufgezeichnet war, den Grund für dieselbe schon zu trocken geworden fand, denselben daher, den Umrissen der Figur folgend, herausschnitt und frischen eintragen liess. Da nun das Stück Hintergrund, welches gegenwärtig die Figur umgibt (s. Taf. C, Fig. 4), so klein und einfach ist, dass es als Zeitverlust bei der Ausführung gar nicht in Anschlag gebracht werden kann, wenn diese Figur als ein nur für sich bestehendes Ganze gedacht werden soll, so müssen andere Ursachen dagewesen sein, die den Maler zu einem so umständlichen Verfahren nöthigten. Sie ergeben sich leicht, wenn man einen Blick auf das darunter hängende Bild der Medea (N. 1262) aus casa dei Dioscuri wirft, in welchem sich zur Rechten der Mutter die spielenden Kinder mit dem Pädagogen befinden.

So künstlerisch die Einzelfigur behandelt ist, so sehr viel geringer ist dieses Bild; aber wenn auch die Bewegung der Hände, die das Schwert halten, eine veränderte ist, so ist doch die ganze Anordnung der Gewänder bis in jedes einzelne Motiv so ganz dieselbe — sogar die Farben sind ursprünglich dieselben gewesen, und nur in der Einzelfigur durch die Hitze, die namentlich alle gelben Okerfarben röthlich brennt, verändert —, dass der Gedanke sehr nahe liegt, dass beide nach

---

[173] Als ich diese Beobachtung zuerst im Museo nazionale machte, hatte ich den Vortheil, sie den zufällig dorten anwesenden Herren H. Heydemann und dem neapolitanischen Maler Abbate mittheilen zu können und die Richtigkeit derselben von ihnen bestätigt zu sehen. In einem Vortrage über die Technik der erhaltenen Wandmalereien, den ich auf Anregung des Ersteren am 6. März dieses Jahres im Archaeologischen Institut hielt, konnte ich durch Vorzeigung einer Photographie, die diese Fugen an einigen Stellen deutlich zeigt, auch den Anwesenden ein deutliches Bild dieser interessanten Thatsache geben.

Ich ergreife gerne diese Veranlassung, um Herrn Dr. Heydemann für seine freundliche Theilnahme an dieser Arbeit und seine stete Bereitwilligkeit, mir die Ausführung derselben zu erleichtern, meinen aufrichtigsten Dank auszusprechen.

demselben Vorbilde gemacht wurden [174], trotz einzelner Abweichungen, wie wir sie in Pompeji bei oft wiederholten Gegenständen, denen ein und dasselbe Original zu Grunde liegt, häufig finden, und dies sehr erklärlicher Weise, da jede Vervielfältigung damals aus freier Hand geschehen musste. Sogar die Anordnung der Hintergründe ist sehr ähnlich; in beiden sehen wir eine niedrige Mauer, eine Thür, an welche dieselbe anstösst und von der sie überragt wird, und der Himmel ist in beiden nicht gemalt, sondern man hat den weissen Marmorstuck, wie er war, stehen lassen [175]. Die Annahme eines gemeinschaftlichen Vorbildes erklärt uns die Nothwendigkeit der Ansatzfuge aufs leichteste: der Maler hatte den Hintergrund und die linke Seite des Bildes mit den Kindern zuerst gemalt und daher war der Grund nicht mehr genügend frisch, als er zuletzt die Figur der Medea malen wollte, und er war hierdurch zum Ausschneiden des alten und Auftragen des neuen Grundes genöthigt; dass nicht der Hintergrund zuletzt gemacht wurde, geht daraus hervor, dass der neue Bewurf theilweise über denselben geputzt ist. Ich halte diese Einzelfigur demnach für den einzig erhaltenen Theil eines grösseren, zu Grunde gegangenen Bildes. Panofka und Welcker haben sich durch die auf der Abbildung in den Pitt. d'Ercolano befindliche scheinbare Einfassung täuschen lassen; dieselbe ist in Wirklichkeit nicht vorhanden und ist, wie ich mich durch eine Photographie, die gemacht wurde, als das Bild noch seinen alten Holzrahmen hatte, überzeugt habe, nur dadurch entstanden, dass der Kupferstecher den Schatten des Rahmens, den der Zeichner auf seiner Copie mitgezeichnet hatte, für eine Borte hielt, und in diesem Glauben unten an der Basis auch noch eine Andeutung der Borte finden zu müssen glaubte. Vielleicht geben uns die von Director Fiorelli angekündigten Fundberichte über die herculanischen Ausgrabungen Aufschluss über den bis jetzt gänzlich unbekannten Fundort in Herculaneum.

Läge nicht die grosse Aehnlichkeit mit dem ganz erhaltenen Bilde aus casa dei Dioscuri vor, so könnte man vielleicht glauben, dass diese Medea ursprünglich als eine Einzelfigur, wie wir sie häufig in Architekturen angeordnet sehen, gedacht sei, und die Mittheilung einer andern Beobachtung könnte diese Ansicht möglicherweise noch bestärken.

Die wahre Leidenschaft, die die pompejanischen Maler oder

---

[174] Welcker will sie dagegen scharf getrennt wissen.
[175] Es zeigt sich hierin das Verschmähen einer der gewöhnlichen Natürlichkeit entsprechenden Darstellungsweise, dagegen aber das Streben nach einfacher, stylvoller Anordnung, in welcher die Umgebung nur erklärend, nicht aber selbständig mitsprechen soll.

Hausbesitzer für die Frescomalerei gehabt zu haben scheinen, liess die ersteren zu allen nur denkbaren Auskunftsmitteln greifen, um diesen Zweck auch unter erschwerten Umständen immer zu erreichen, und ich konnte mich einer staunenden Heiterkeit nicht erwehren, als ich auch den Figurenmalern noch hinter einen ihrer Schliche kam, nachdem ich die betreffenden Objecte oft betrachtet hatte, ohne mich dessen zu versehen. Wenn es sich nämlich darum handelte, eine einzelne schwebende Figur auf ein farbiges Feld zu malen, dessen Oberfläche schon zu starke Haut gebildet hatte, so drückten sie erst die Umrisse der Figur in den Grund ein, höhlten dann nur in der Mitte der freistehenden Glieder schmale Stellen und im übrigen die ganze Masse von Gewand und Körper etwas stärker aus, damit der neue Grund, den sie alsdann auftrugen, besser hafte, und putzten die Ränder dieser wenig erhobenen Masse sorgfältig über die glatte Fläche bei, mit der sie sich unmerklich verbanden und unter den Farben fast unkenntlich wurden. So ist die schöne schwebende Bacchantin (N. 481) im Peristyl der casa dei Dioscuri behandelt. Es liegt diesem Verfahren das System zu Grunde, nach welchem wir auch zwischen Malereien oder auf ganzen Wänden mit erhobenen Stuckarbeiten die bemalten oder unbemalten Relieffiguren aufgesetzt sehen, und wovon sich auch im Peristyl der casa dei Dioscuri am Ende derselben Wand ein erklärendes Beispiel findet (siehe Fig. 27), an welchem man sehen kann, wie diese vorbereitende Aushöhlung behandelt wurde [176]. Die Bacchantin ist so vollkommen erhalten, nirgends ist ein Stückchen der aufgetragenen Masse losgelöst, dass sich hieran zeigt, wie vortrefflich dieses Verfahren richtig angewendet ist; der Stuck, und mit ihm auch die Farben, sind hier von einer eisernen Härte.

Den gleichen Kunstgriff sehen wir auch im Prothyron der casa dell' orso wiederholt, und zwar mit dem interessanten Nebenumstand, dass die Ausschmückung desselben unvollständig ist. Beide Wände sind in drei oblonge Felder, getrennt durch reizend ausgeführte Candelaber und Ornamente, eingetheilt. Das Mittelfeld der linken Wand enthält ein vollendetes Medaillon (N. 558). In dem gegenüberliegenden Feld ist jedoch das

Fig. 27.

---

[176] Auch an den beiden angeblich aus Pozzuoli stammenden Reliefwänden im Museum, jenen in den Stabianischen Thermen, in casa di Teseo im Mittelraum am Ende des Peristyls, und an vielen andern Orten.

jenem entsprechende noch nicht gemalt; der gelbe Grund ist vollständig leer; der obere Theil des Bewurfs ist abgefallen. Schwebende weibliche Figuren schmücken drei der vier übrigen Felder, das letzte zur Linken ist jedoch ebenfalls noch leer [177]). Die Ursache hiervon ist die, dass diese beiden Felder nebst einem Theil der angrenzenden Sockel zwar geschickt eingeputzte, in der Ergänzung der zerstörten Ornamente aber höchst roh behandelte antike Ausbesserungen sind, und dass man entweder die Kosten für Herstellung der fehlenden Malereien scheute oder dass die Katastrophe die Arbeit unterbrach. Die letzte Figur rechts, bei welcher wir aufs deutlichste den gelben Grund an einigen Stellen durch die obere Malerei hindurch sehen, ist zuerst auf den noch nassen, geglätteten, gelben Grund gemalt. Die fortschreitende Auftrocknung der Wände machte es bei der ersten Figur rechts schon nöthig, den Grund etwas aufzukratzen und eine ganz dünne Lage frischen Stuckes aufzutragen; das zeigt sich namentlich an den Füssen, von welchen der rechte etwas unter, der linke am Rist aber eher etwas über dem Niveau liegt, während die Spitze des Fusses wieder über den gelben Grund gemalt ist. Bei der ersten Figur links aber war wegen grösserer Trockenheit auch eine tiefere Aushöhlung des Grundes nöthig, und wir sehen, dass der ganze innere Theil der Figurenfläche etwas concav ist, während die Ränder derselben convex über den gelben Grund angeputzt sind. Die gleiche Behandlung wird bei dem Medaillon durch die dicke Farbengebung fast unbemerkbar. Die Constatirung dieser Thatsachen ist hier doppelt wichtig, weil die Behandlung und Impastirung, kurz die ganze äussere Erscheinung dieser Malereien der Art ist, dass man jetzt, wo sie mit Wachsfirniss überzogen sind, fast glauben möchte, die Farben wären hier mit einem ganz besondern Bindemittel aufgetragen worden, während gerade hier das Frescoverfahren unumstösslich klar nachzuweisen ist.

In gleicher Weise ist die erste Muse links in dem ersten Raume links im Atrium der casa di Sirico behandelt.

Mit diesem Kunstgriff sind indessen die Hülfsmittel der alten pompejanischen Maler noch immer nicht erschöpft. Vielfach kann man nämlich unter den Abblätterungen einzelner Figuren oder ganzer Bilder, die zu umfangreicheren Decorationen gehören,

---

[177]) Es lag nahe, diese Erscheinung dahin zu deuten, als wenn alle Figuren hier auf die getrocknete gelbe Wand *a tempera* aufgesetzt worden und nur die zwei Felder unvollendet geblieben wären. Dieser Ansicht waren Dr. Helbig und Architekt Schreiber, die gemeinschaftlich dieses Haus bald nach der Ausgrabung besichtigten. Dr. Helbig sprach diese Ansicht in seinem Bericht im Bull d. Instit. Arch. 1865 p. 231 aus, und dieselbe ist übergegangen in Overbeck Pomp. 2. Ed. B. II. Note 68.

eine hellgrünliche Farblage, auch unter derselben zuweilen noch eine weisse bemerken, oder auch, dass über diese letztere, statt der ersten, der oben am Rande des Bildes hellbläulich beginnende Ton des Himmels, in einen weissgrünlichen Ton fortgesetzt, über das ganze Bild ausgebreitet ist [178]). Dies kommt ebenso bei Bildern auf weissem Marmorstuck-Grunde vor, wie bei solchen auf farbigem, und dieser erstere Umstand zeigt, dass die Absicht hierbei nicht, wie mir von befreundeter Seite die Ansicht ausgesprochen wurde, sein konnte, auf einen weissen Grund *a tempera* zu malen. Dieses Verfahren ist als nichts Anderes zu betrachten, als eine schwächere Anwendung des Auftrages einer feinen Marmorstuckschicht auf eine schon zu sehr in der Krystallisirung begriffene Oberfläche; d. h. in Fällen, wo der Process nicht schon so weit vorgeschritten war, um dieses Mittel zu erheischen, reichte eine mit dem Pinsel aufgestrichene tüchtige Kalklage hin, um der Stelle wieder die Eigenschaften des ursprünglich frischen Bewurfes, oder doch wenigstens diesem sehr ähnliche, zu geben und den Farben wieder eine leidlich gute Krystallisationsfläche zu bereiten. Die Weiterkrystallisation der untern Fläche wurde dadurch verhindert; die Kalklage verband sich besser mit dem Grunde, als es reine Farben ohne Kalk gethan haben würden, und wurde dieses Mittel nicht zu spät angewendet, so wurde die Haltbarkeit der Malerei, wenn auch nicht so vollkommen gut, wie auf frischem Stucke, doch immer noch eine genügende, natürlich aber immer weniger gut, je später es geschah. Auch bei Ornamenten wurde dies angewendet, und ich besitze selbst Stücke, an welchen es zu sehen ist. Da aber auf einer reinen Kalklage das Malen nicht angenehm von statten geht, so überstrich man dieselbe zuvor entweder mit den oben genannten Tönen oder man vermischte den Kalk gleich mit denselben und vorzugsweise mit grüner Erde, deren Fettigkeit die unangenehme Trockenheit des Kalkes etwas mildert; indessen war für die Wahl dieses Tones noch ein besonderer Grund vorhanden, von welchem ich später reden werde.

Als Beispiel dieses Verfahrens will ich zuerst eine schon als Fresco unzweifelhaft erkannte Darstellung anführen, und zwar die linke Seitengruppe des Adonisbildes. Wie erwähnt (siehe p. 78) ist sie über den rothen Pilaster gemalt, die tiefen Abblätterungen zeigen es deutlich; die minder tiefen aber zeigen die weisse Kalkschichte über dem Roth, auf welche erst der Fleischton für die Körper gelegt ist. Die Nothwendigkeit dieses Verfahrens wird einleuchtend werden, wenn man das grosse Stück

---

[178]) Diese Erscheinung war auch Wiegmann nicht entgangen, Raph. Mengs hingegen erwähnt derselben nicht.

bbb (Taf. C. Fig. 1) betrachtet, welches mit der Architektur darüber erst vollendet werden musste, bevor der Maler diese Gruppe in Angriff nehmen konnte, um sie nicht der Gefahr auszusetzen, von oben her bespritzt zu werden. Es ist klar, dass der Grund nicht mehr die erste Frische bewahrt haben konnte. Genau in derselben Weise ist das jetzt im Magazin des Museo nazionale befindliche und sehr stark abgeblätterte Bild des Marsyas und Olympos (N. 226) behandelt, in welchem der Kopf des ersteren auch über den rothen Hintergrund gemalt und über den letzteren eine weisse Kalklage gestrichen ist, auf welche erst der Grundton für die Fleischfarben gelegt wurde. Auf dem Gegenstück zu diesem Bilde, dem Cheiron mit Achill (N. 1291), war diese Nothwendigkeit nicht vorhanden; dass aber dieses Bild auch *a fresco* gemalt ist, dafür sprechen die eingedrückten Umrisse,

Fig. 28.

die sich an einigen Stellen, von der Seite betrachtet, genau erkennen lassen. Siehe die punktirten Linien in Fig. 28 (*a*. Cheiron, *b*. Achill, *c*. Arm des Letztern).

Weitere Beispiele für die erwähnten farbigen Unterstreichungen werden sich in dem folgenden Abschnitt ergeben, in welchem ich nicht mehr einzelne Bilder und Wände getrennt betrachten werde, sondern den Zusammenhang derselben in der Gesammtausschmückung einzelner Räume, wobei sich uns auf das Klarste die Bedingungen des Frescoverfahrens und seine Consequenzen zeigen werden. Zuvor will ich aber noch eine auch in Pompeji nachweisbare, mit dem eben geschilderten Verfahren nahe verwandte Art der Frescomalerei, das sogenannte *fresco secco*, erwähnen. Dieses besteht darin, dass man eine trockene Mauer tüchtig einnetzt, so lange, bis sie kein Wasser mehr schluckt, auf diese dann eine Kalklage aufstreicht, die als Malgrund dient, oder auch, dass man gleich mit Farben, die mit Kalk vermischt sind, auf diese Wand malt [179]). Da indessen ein häufigeres

---

[179] Das Hülfsmittel eines frischen Kalkaufstriches ist auch den modernen italienischen Decorationsmalern wohl bekannt und wird von

Benetzen während des Malens nöthig ist, weil das Auftrocknen rasch stattfindet, so eignet sich dies Verfahren mehr zu einzelnen abgegrenzten Stücken, als zu grösseren zusammenhängenden, die leicht fleckig und hässlich durch ungleiches Auftrocknen werden. Es ist auch in Pompeji nur zu ordinären Zwecken benutzt. So sehen wir z. B. auf Pfeiler N. 60 in Strada di Stabiae einen solchen Kalkanstrich auf die Mauer direct gelegt und hierüber gemalt; dies Gemalte ist dreimal von neuem überstrichen und wieder bemalt worden und diente ohne Zweifel als eine Art von Aushängeschild. Später wurde über diese Malereien ein Scherbenmehl-Stuck gezogen.

VII.

Die Anwendung der verschiedenen Hülfsmittel der Frescotechnik in der Gesammtausschmückung einzelner Räume in Pompeji.

1) In casa dei Dioscuri befindet sich links vom Tablinum ein von moderner Bedachung geschützter kleiner Raum, dessen Wände mit schönem weissem Marmorstuck bedeckt sind. Die Wand zur Rechten ist fast ganz von einem grossen Fenster auf das Viridarium eingenommen. Auf der ihr gegenüberstehenden Wand sehen wir ein kleines Bild, Apoll und Daphne (N. 208) vollständig erhalten, auf der Wand links von der Thüre ein anderes, Silen mit dem Dionysosknaben (N. 378), bei dem aber die Farbe sehr abgeblättert ist, so dass darunter eine grünliche Unterstreichung und, wo auch diese abgeblättert ist, der reine weisse Marmorstuck zu Tage tritt. Das dritte Bild aber (N. 344) ist bis auf einige Farbspuren an den Borten und in der Bildfläche selbst so vollständig von Farbe entblösst, dass man nur noch jene in den Marmorstuck flüchtig, fein eingedrückten Umrisse, die noch theilweise mit Farben ausgefüllt sind, sieht, die ich schon Fig. 21 mitgetheilt habe und die das Bild als einen verwundeten Adonis erkennen

ihnen theils bei dem wirklichen Fresco, welches man vorzugsweise *a buon fresco* malen nennt, verwendet, theils auch bei dem *fresco secco*. Diese letztere Art beschreibt auch schon THEOPHILUS PRESBYTER Cap. XV: *Cum imagines vel aliarum rerum effigies pertrahuntur in muro sicco, statim aspergatur aqua, tam diu donec omninus madidus est. Et in eodem humore liniantur omnes colores, qui supponendi sunt, qui omnes calce misceantur et cum ipso muro siccentur ut haereant.*

lassen. Wie liesse sich dieser verschiedene Grad der Erhaltung unter ganz gleichen Umständen erklären, wenn die Bilder alle drei gleichmässig *a tempera* ausgeführt gewesen wären? Aus der Frescotechnik ergiebt er sich von selbst: Das Zimmer ist klein und einfach verziert; die Tectoren bedeckten daher alle Wände zugleich mit den verschiedenen Mörtel- und Stucklagen, was man daran erkennt, dass in den Ecken keine Ansatzfugen vorhanden sind. Nachdem die Verzierungen des oberen Theiles gemalt waren, begann der Figurenmaler damit, das Adonisbild zu malen, wozu er den Grund noch für frisch genug hielt. Der Erfolg zeigt, dass er sich getäuscht hatte, dass die Krystallisirung schon zu weit vorgeschritten war, die Farbe somit nicht genügend gebunden werden konnte und sich unter den Unbilden der Witterung leicht ablösen musste. Bei dem Silen traute der Maler dem Bewurf schon nicht mehr und strich daher zuerst eine Lage Kalk und grüne Erde über die ganze Bildfläche; der bessere Grad der Erhaltung zeigt, dass das Mittel leidlich half; dass es in dem Adonisbilde aber nicht angewandt wurde, beweisen, trotz der gänzlichen Abwaschung der Farben, die mit gelber Farbe theilweise ausgefüllten Umrisse, welche im andern Falle Grün enthalten müssten. Bei dem Apollobild wusste der Maler aber sicher, dass der Grund schon zu trocken sei, er schnitt ihn daher aus und liess frischen eintragen; dies erkennt man an den Rändern und daran, dass die Oberfläche in Folge des unbequemen Einputzens nicht so glatt geebnet ist, als bei den beiden andern. Dieses Bild wurde also unter den günstigsten Bedingungen, d. h. auf ganz frischen Stuck gemalt, und daher namentlich seine treffliche Erhaltung [180]).

2) Aehnliche Folgen ähnlicher Ursachen können wir in dem ersten kleinen Zimmer links im Peristyl der casa del poeta beobachten. Hier sind die Wände roth gestrichen: drei derselben haben ein Mittelbild und rechts und links von demselben Medaillons von grünen Guirlanden umschlungen, innerhalb deren schwebende Eroten dargestellt sind; die vierte Wand enthält nur zwei solcher Medaillons. Auf der Wand en face sehen wir Narkissos an der Quelle (N. 1352), links die erwachende Ariadne (N. 1225) und rechts eine Fischerin (N. 349). Keines dieser Bilder ist eingeputzt. Alle zeigen unter einigen Abblätterungen, dass der rothe Grund unter der ganzen Bildfläche durchgeht, und die beiden Letztgenannten, dass derselbe von oben her mit dem

---

[180] Dieses Bild war einige Zeit mit Flügelthüren verschlossen, die auch zu seiner längeren Erhaltung beigetragen haben; doch auch ohne dieselben würde es sicher das beste unter den Dreien geblieben sein.

hellgrünlichblauen Ton des Himmels und von unten hinauf mit jenem des Wassers ganz überstrichen wurde, welche beide Töne unmerklich in einander übergehen. Hierauf sind erst die Figuren aufgesetzt; bei der Ariadne ist noch ein grünlicher Ton aus Kalk und grüner Erde untergelegt, und bei dem Narkissos unter einen ähnlichen Ton nochmals eine weisse Kalklage. Das progressive Fortschreiten des Trocknens der Wände verlangte eine gewisse Verstärkung der Hülfsmittel, die hier rechtzeitig angewendet werden konnten, denn das Zimmerchen ist sehr klein und die dargestellten Gegenstände höchst einfach und rasch ausführbar; auch haben sich diese Mittel trefflich bewährt, denn die Ariadne und die Fischerin sind von erstaunlich guter Erhaltung, obgleich sie durch keine Bedachung geschützt sind. Der Narkissos würde vielleicht als letztgemaltes Bild schon etwas weniger gut erhalten sein, doch hört hier alles Urtheil auf, da er von Salpeter und von der von einem Fenster herabrinnenden Feuchtigkeit arg zerstört ist. Die Eroten dagegen sind alle ohne Unterstreichung direct auf den rothen Grund gemalt, und nur zwei von ihnen, bei welchen der Grund die Farbe noch gut band, sind ganz erhalten, die andern mehr oder weniger abgeblättert; bei einigen hat die Salpeterbildung in der Wand zur Zerstörung mitgewirkt. Bei diesen Eroten war der Maler offenbar zu sorglos verfahren, die Farben wurden nicht mehr gut gebunden; denn sie waren »*non diligenter et in arido inducti*«, wie Vitruv sich ausdrückt.

3) In dem reich decorirten Prothyron der casa di Meleagro sehen wir inmitten der rothen Seitenwände als Hauptbilder links Meleager und Atalante (N. 1163), rechts Hermes und Demeter (N. 362), zu beiden Seiten eines jeden Bildes schwebende weibliche Figuren. Hier finden wir einen grossen Theil der Mittel, über welche die pompejanische Frescomalerei verfügte, benutzt, und je nach ihrer Anwendung können wir den Gang der Arbeit genau verfolgen. Die Wand rechts wurde zuerst hergerichtet, auf ihr jedoch die Bildfläche nur im rohen Verputz gelassen, wie ich es oben (p. 63 ff.) bei dem Zimmer des Venustempels und jenem in casa di Teseo geschildert habe: sodann wurden die oberen Ornamente gemalt und der Figurenmaler begann damit, die beiden Seitenfiguren ohne Zwischenlage unmittelbar auf den rothen Grund aufzusetzen, wofür er denselben noch hinreichend frisch erachtete. Bei der einen war dies wirklich der Fall, sie ist ziemlich gut erhalten; bei der andern wurde die Farbe nicht mehr recht gebunden und hat sich nun fast ganz abgelöst. Inzwischen war auch die Wand links hergerichtet und als ein Ganzes geglättet und roth

angestrichen worden. Der nöthige Theil der Ornamente war gemalt und der Figurenmaler konnte nun den Meleager in Angriff nehmen, legte auch nicht erst eine Kalklage über die rothe Bildfläche, denn sie war noch ziemlich frisch, sondern breitete nur den blaugrünlichen Ton des Himmels bis unter die Figuren aus und malte hierauf; dieses Mittel genügte, denn das Bild ist im Ganzen gut erhalten. Bei den schwebenden Seitenfiguren, die er sodann malte, legte er aber erst eine tüchtige Kalklage unter, da inzwischen die Trocknung des Grundes Fortschritte gemacht hatte, und auch von ihnen ist die erste leidlich, die andere weniger gut erhalten. Zum Schluss liess er nun auf die mittlerweile stark getrocknete, offen gelassene Stelle für das Hermesbild eine frische, ziemlich starke Lage Stuck auftragen — man erkennt an einigen Ausbröckelungen des Randes deutlich, dass das Roth noch etwas in die Fläche hineingestrichen ist — und diese Lage wurde in Facetten über den rothen Grund beigeputzt (siehe Fig. 13). Hier malte der Künstler wieder auf **vollständig frischen Stuck**, also unter den **günstigsten Bedingungen**, und die Erhaltung dieses Bildes, die man trotz seiner gänzlichen Schutzlosigkeit vollkommen nennen kann, zeigt, wie dauerhaft wirklich frisches Fresco sein kann und wie dies bei dem **stufenweise schlechteren Binden** durch das **stufenweise zunehmende Trocknen** des Grundes immer mehr abnimmt.[181]

4) Durch die erste Thüre links im Atrium des Theiles der casa della fontana piccola, der von dem *ricolo* begrenzt wird, tritt man in ein mittelgrosses bedecktes Zimmer, dessen Wände ganz mit weissem Marmorstuck bekleidet sind und je ein Bild enthalten. Zwei derselben, die Fische und Hummern (N. 1706) und die Henne mit Korb und Früchten, sind auf die im Ganzen geglättete, sehr einfach verzierte Wand gemalt, konnten also auf sehr frischen Grund gemalt und rasch vollendet werden, und sind daher von **vorzüglicher Erhaltung**. Die beiden andern aber sind **eingeputzt**; das Schwein (N. 1613) ist ebenso gut erhalten als die beiden ersten: auch das vierte würde ihm nicht nachstehen, wenn es nicht durch Salpeter sehr gelitten hätte. Es ist interessant hier zu sehen, dass an den zwei letzten Bildern bei der allgemeinen Anordnung der Ornamente die Striche für die Borten auch schon gezogen waren, durch das Ausschneiden und

---

181) Wollte man annehmen, dass die Seitenfiguren, was möglich wäre, von anderer Hand gemalt worden wären, so würde dies an den nothwendig einzuhaltenden Terminen, die durch die Arbeit selbst bedingt sind, nichts ändern. Nur würde der Maler der beiden Hauptbilder, die unzweifelhaft von derselben Hand sind, weniger angestrengt gearbeitet haben.

Einputzen des Grundes aber wieder theilweise zugedeckt und noch nicht von neuem gezogen worden waren. Es fehlte also nur diese Kleinigkeit zur gänzlichen Vollendung des Zimmers und dies lässt vermuthen, dass man das völlige Trocknen der Mauer abwarten wollte, um die Borten mit Tempera über die Fugen zu ziehen, was da nöthig war, wo zwar der frisch eingetragene Grund, nicht aber das angrenzende Stück der Wand noch nass genug war, um die Farbe gut binden zu können. Da aber der Bewurf die Feuchtigkeit sehr lange hält, so musste es in den meisten Fällen genügen, die Farbe dünn, mit etwas Kalkwasser vermischt, aufzutragen, wodurch ihre Haltbarkeit sehr bedeutend vermehrt wird; und in der That sehen wir viele dieser Borten an eingeputzten Bildern sehr gut erhalten. Der weisse Stuck ist hier von **eiserner Härte** und ebenso der Krystallüberzug über den Farben, und **diesem Umstande ist die treffliche Erhaltung** nicht minder zuzuschreiben als der schützenden Bedachung.

In demselben Atrium, gegenüber dem Eingange, befinden sich in dem Raume mit blauem Grunde Mädchenbüsten in Medaillons (N. 457 u. 458), in oblongen Bildchen die Maske und die Attribute des Zeus (N. 112) und andere Masken (N. 1745), die ganz ohne Schutz und trotzdem **gut erhalten** sind, was sie dem **Einputzen**, also dem **Malen auf frischestem Grunde** verdanken. Selbst Fries und Sockel sind hier besonders angeputzt, obgleich der Raum nur klein ist: man arbeitete daselbst bescheiden, aber solid.

5) In der geräumigen sogenannten **Exedra**, dem Mittelraume hinten im Peristyle der **casa di Olconio**, finden wir inmitten der mit Architekturen und Einzelfiguren reich verzierten Wände die ziemlich grossen Hauptbilder der schlafenden **Ariadne** (N. 1240) rechts, des **Hermaphroditen** (N. 1372) links, und en face den untern Theil eines abgefallenen **Narkissosbildes** (N. 1356). Auch der **Fries** ist noch mit Figuren geschmückt und, da er mithin eine zeitraubende Arbeit war, durch eine Ansatzfuge von dem mittleren Wandtheil getrennt. In diesem sehen wir alle Linien für die Architektur weich, fein eingedrückt. Einige Theile zeigen den weissen, geglätteten Marmorstuck des ganzen Ueberzuges; auf einem derselben befindet sich das oben erwähnte Figürchen mit dem durch Plattdrückung wieder beseitigten unrichtigen Contur. Andere Theile haben einen gelben Grund, der hier auch, wie an vielen andern Wänden, roth unterlegt ist, und auf diesen sind die kleinen Musenfiguren gemalt, von welchen einige auf das Gelbe direct, andere aber auf eine darüber gelegte grünliche Unterstreichung aufgesetzt sind. Bei ersteren hielt man den Grund noch für frisch genug, bei letzteren zweifelte man daran und **hatte Recht**, denn diese

sind weit besser erhalten als die ersteren, von welchen zwei ganz verschwunden sind. An allen sieht man deutlich die eingedrückten Umrisse. Die Hauptbilder sind alle drei eingeputzt, weil man bei dieser reichen Anordnung und der Grösse der Bilder von vornherein mit Sicherheit darauf rechnen konnte, dass der Grund nach Vollendung der Ornamente nicht mehr frisch genug sein würde. Am Ariadnenbild ist es am deutlichsten sichtbar, bei den beiden andern schwerer zu erkennen; die Verbindung ist sehr gut gemacht. Die Malerei, unter gleichen Bedingungen ausgeführt, ist daher auch an allen gleich gut erhalten. Der Sockel ist auch wieder getrennt angeputzt.

6) Die Ausschmückung des links an diesen Mittelraum anstossenden Tricliniums ist einfacher. Jede Wand enthält ein Hauptbild: rechts Parisurtheil (N. 1284), links Achill auf Skyros (N. 1296), en face nur noch Theile eines Bildes, in welchem sich Orest und Pylades auf Tauris erkennen lassen (N. 1336). Da die ganze Anordnung der Wände eine sehr einfache ist, so gestattete dies dem Maler, darauf rechnen zu dürfen, dass er für seine Bilder einen hinreichend frischen Grund haben würde, auch wenn er die Wand im Ganzen glätten liess; so hielt er es mit dem Paris- und dem Orestesbilde, von welchen beiden der Raum für das erste in dem rothen Grunde, für das letztere in gelbem Grunde ausgespart wurde; bei beiden fuhr man bei dem Streichen des Grundes noch ungefähr 0,05 in die Bildfläche hinein; bei so grossen Bildern, wie diese, ersparte man sich durch dies Offenlassen Zeit und Farbe; bei kleineren würde es die Arbeit nur vermehrt haben, deshalb strich man bei solchen meist frisch über Alles weg. Die fast vollkommene Erhaltung des Parisbildes, die starken Abblätterungen in dem andern, zeigen uns, dass mit ersterem begonnen wurde, dass bei dem zweiten die Farbe nur mittelmässig gebunden wurde, und dass für den Achill, als letztes, ein frischer Grund eingetragen werden musste, dem das Bild seine gute Erhaltung verdankt; einzelne Verscheuerungen, die durch das Reinigen und bei dem Ausgraben entstanden, dürfen hierbei natürlich nicht in Anschlag gebracht werden. Die weissen, rothen und gelben Felder enthalten Medaillons mit je zwei Köpfen (unter ihnen N. 1413, 1427, 1440), welchen allen eine vorherige Ueberstreichung der Grundfarbe mit einem grünlichblauen Ton als Hintergrund dient. Sie zeigen in lehrreicher Weise je nach ihrer Erhaltung die verschiedenen Grade der Bindungsfähigkeit des stets trockner werdenden Grundes; zwei derselben sind gut erhalten, eines vollständig weggewaschen, bei einem ist nur der Hintergrund geblieben, und einige Köpfe zeigen die interessante Erscheinung, dass der ganze Raum, den sie ein-

nahmen, nebst der darunter liegenden Farbenlage des Hintergrundes genau nach ihren Umrissen von Farbe entblösst ist (namentlich auf der Wand en face links), während dieselbe rundum unversehrt dasteht. Ich glaube in dieser bis jetzt noch nicht besprochenen Erscheinung die Wirkung des Temperabindemittels zu erkennen, mit welchem man diese Theile, als nicht gelungen oder nicht genügend gebunden, noch einmal übermalte, und welches durch die stete Nässe während der Verschüttung als animalischer Stoff in Moderung überging und dadurch, soweit es aufgetragen war, die Farbe ihres Zusammenhangs derart berauben musste, dass sie bei der Ausgrabung und Trocknung der Wand als zersetzte Masse herabfiel. Diese Erscheinung habe ich mehrfach beobachtet; sie findet sich auf der schmalen hinteren Wand des Peristyls im Venustempel an dem vierten Bild von der Thüre nach den Priesterzimmern links, wo man auf der grünen Unterstreichung Köpfe und Figuren bis auf den Grund herausgefressen findet, während dieser rundum unversehrt erhalten ist. Das Gleiche zeigt der Kopf eines kleinen Figürchens auf einem der sechs kleinen Bildchen aus dem Triclinium der casa di Lucrezio [152]), und noch auffallender ein kleines, jetzt im Magazin des Museo nazionale befindliches Bild, Apoll mit den Musen (N. 1403[b]), wo auch der Grundton so weit erhalten ist, als ihn die Figuren nicht bedeckten, die selbst vollständig der Farben beraubt sind, und auch den Grund derart mitgenommen haben, dass sie jetzt tiefer liegen als die Oberfläche der Grundfarbe. Ich erkläre dies auch dahin, dass die Grundfarbe *a fresco* gemalt, die Figuren aber entweder *a tempera* gemalt oder nur übergangen waren, und denselben Ursachen schreibe ich eine andere eigenthümliche Erscheinung zu, die im Grunde nur eine gesteigerte Wirkung der angeführten ist.

Wir sehen nämlich öfters in den Sockeln oder in den mittleren Theilen der Wände einzelne, auf die farbigen Felder aufgesetzte Ornamente, namentlich kleine Thierfiguren, der ganzen Form ihrer Umrisse nach tief in den Bewurf eingefressen, der in diesen Concavitäten mürbe und fast ohne Zusammenhang geworden ist, selbst wenn rundum der festeste Marmorstuck noch unversehrt dasteht und das nächste Feld sein Ornament aufs vollständigste erhalten zeigt. Diese zerstörten, ausgefressenen Figuren betrachte ich ebenfalls als einzelne Theile, die man *a fresco* nicht vollenden konnte und mit Leim- oder Temperafarben aufzusetzen genöthigt war. Wenn ich nun auch Tempera-

---

[152]) No. 757, 759, 760, 766, 767, 768. Es hängt im Museum unten rechts neben den sogenannten *nozze di Zefiro* (N. 974).

malereien für vollständig geeignet halte, um bei trockener **Aufbewahrung** lange Jahrhunderte zu dauern, so ist es doch unmöglich anzunehmen, dass während einer **achtzehnhundertjährigen Begrabung in feuchter Erde** nicht die **animalischen Bindestoffe in vollständige Moderung** übergegangen sein sollten. Die Folge davon musste unter hierzu günstigen Umständen eine Verbindung des Stickstoffes in dem Bindemittel mit Wasserstoff zu Ammoniak sein, dieser letztere unter langsamer Mitwirkung des Sauerstoffs sich in Salpetersäure verwandeln, die mit dem Kalk der Wand salpetersaure Salze bildete und diese Stellen förmlich ausfrass. War dieser Prozess vor der Ausgrabung nicht schon ganz vollendet, so musste er jetzt bei dem starken Hinzutritt des Sauerstoffes rasch vor sich gehen. Dieses Mürbewerden des festesten Marmorstuckes sehen wir auch **da** eintreten, wo sich unabhängig von dieser **Ursache** aus dem **Innern der Wand Salpeter erzeugt**, der in solchen Fällen aber seine Wirkung ohne Unterschied an Grundfarben wie an Malereien äussert. Wo er dieselben aber auf einen so fest begrenzten Raum allein ausübt, da muss auch offenbar eine locale Ursache sein.

Ein Beispiel dieser Wirkung sehen wir in dem **Prothyron** des Hauses neben **casa di Diadumeno**, in welchem auf beiden Seiten die inmitten der letzten rothen Felder gemalten Thiere, und rechts sogar ein Theil der gemalten Architektur, genau nach den Umrissen in den Bewurf **concav eingefressen** ist; und ein anderes findet sich im Triclinium der **casa del poeta** an den **Kentaurenkämpfen** (N. 504), die ich p. 72 schon erwähnt habe und deren zackig gerissene Conture schon das Aufsetzen dieser Malereien auf einen **sehr getrockneten** oder **trocknen Grund voraussetzen** liessen. Die in Rede stehende Erscheinung kann uns nunmehr Gewissheit hierüber geben, und gestattet uns, den Kentaur auf dem Sockel links, der tief in den Verputz eingefressen ist, **als mit Tempera gemalt** zu betrachten; die dunkle Grundfarbe rundum, die *a fresco* aufgetragen war, ist noch ziemlich unverletzt, obgleich in diesem Sockel die Salpeterbildung sich schon sehr bedeutend zeigt. Auf den andern Wänden, wo die Mauern weniger dazu geneigt waren, ist nur die Farbe der Figuren losgelöst, die Grundfarbe aber erhalten; sie waren muthmasslich nur mit schlecht bindendem Fresco gemalt. Die grünen Seepferde in dem Sockel sind dagegen alle, trotz der Salpeterbildung in der Mauer, noch ziemlich gut erhalten und zeigen uns, dass sie zuerst auf den noch frischen Bewurf aus einem Topf gemalt wurden, und dass dann erst die Reihe an die Kentauren kam.

Diese bei der Masse von Malereien nicht häufig vorkommenden Erscheinungen bestätigen meine Ansicht über die **seltene selbständige Anwendung der Tempera** in den pompejanischen Wandmalereien und deren vorzugsweise Benutzung als Aushülfe und Retouche; auch scheint es mir aus den angeführten Gründen sehr zweifelhaft, ob wir überhaupt erwarten dürfen, aus dem feuchten Grabe Pompejis **je wieder erhaltene reine Tempera- oder Leimfarbenmalereien** auferstehen zu sehen, es müssten denn dieselben durch aussergewöhnliche Umstände vor Feuchtigkeit geschützt gewesen sein, wie dies bei den Broten in den Oefen oder andern vegetabilischen Stoffen in Gefässen und dergleichen der Fall war [183]. Es ist auch eine oft beobachtete Erscheinung, dass da, wo in etruskischen Gräbern oder in Katakomben Malereien mit Leim- oder Temperafarben an der Feuchtigkeit zugänglichen Orten ausgeführt waren, dieselben bald nach Eröffnung dieser Räume bei dem Zutritt bewegter, frischer Luft in Farbenstaub aufgelöst herabfallen. Ob bei **der Tempera, die nicht aus Eigelb allein** besteht, sondern bei welcher dem ganzen Ei noch etwas Feigenmilch zugesetzt ist, die harzige Beschaffenheit der letzteren die animalischen Stoffe so zu umhüllen vermag, dass sie dieselben vor der Feuchtigkeit und ihren Folgen schützen kann, ist eine Frage, die ein Chemiker endgültig beantworten müsste. Indessen kann dieser Zusatz von Feigenmilch, wenn er das Bindemittel nicht zu zähe und unbrauchbar machen soll, nur in höchst geringem Maasse angewendet werden, und ich bezweifle desshalb sehr, dass er diese Wirkung vollständig auszuüben vermöge.

7) In **casa N. 4 des vicolo del balcone pensile**, in dem gerade dem Eingang des Atriums gegenüberliegenden Raume, sehen wir rechts ein Mittelbild und zwei Medaillons **unmittelbar auf den gelben Grundton gemalt**. Von den letzteren ist das vordere, abgesehen von dem herabgefallenen Theile, leidlich erhalten; das Mittelbild aber und das folgende Medaillon bis

---

[183] **Wiegmann** glaubt die sorgfältiger ausgeführten Bilder, die von einer Ansatzfuge umgeben sind, für eingesetzte Temperabilder halten zu müssen, und ebenso auch jene, die von keiner Ansatzfuge umgeben und doch sorgfältig ausgeführt sind. Ich habe schon gezeigt, dass **Wiegmann**'s Beobachtungen und Untersuchungen über diese Ansatzfugen um Bilder mangelhaft und zum grösseren Theil unrichtig sind, somit auch die Schlüsse, die er darauf baut. Die scheinbar sorgfältiger ausgeführten Bilder sind meist ebenso rasch gemacht als scheinbar flüchtigere, die nur Werke geringer begabter Künstler sind. Die vier so fein und ausgeführt scheinenden herculanischen Bildchen, die ich als echte Fresken nachgewiesen habe, sind ein sprechender Beweis dafür.

auf wenige Farbspuren von der Wand verschwunden! Die drei Wände des Raumes — er ist nach vorn ganz offen — wurden alle gleichzeitig beworfen und geglättet, und auf dieser Wand die Bilder zuerst gemalt, die aber nur schlecht von dem Grunde gebunden wurden, da der richtige Zeitpunkt versäumt worden war. Auf der Mittelwand steht nur noch der untere Theil eines Bildes (N. 1386^c), der obere ist abgefallen, aber die Reste zeigen über dem gelben Grund eine grünliche Unterstreichung und die Farben sind leidlich erhalten. Die linke Seitenwand endlich enthält ein ganz zerstörtes Mittelbild, aber von den Medaillons ist das hintere auf eine weisse Kalklage gemalt und bis auf wenige Abblätterungen gut erhalten, das vordere aber eingeputzt und von vollkommener Erhaltung. Also auch hier zeigen sich wieder die guten und schlimmen Folgen der mehr oder minder gut benutzten Mittel.

8) In casa N. 7 des vicolo del balcone pensile befindet sich in dem anmuthig decorirten, hinten links liegenden Raume die in Pompeji mehrfach wiederholte Darstellung aus dem Artemismythus (N. 253), auf eine in dem gelben Grundtone ausgesparte weisse Fläche gemalt, die mit der Wand zugleich geglättet worden war und in welche der Grundton etwas hineingestrichen ist; einzelne Theile sind sehr beschädigt, doch durch äussere Einflüsse mehr als durch ursprüngliche Versäumniss. Es ist interessant, hier zu sehen, wie von den beiden andern Bildern das Erotennest (N. 823) nur ganz flach übergeputzt ist, während das bei schon etwas getrockneterer Wand zuletzt gemalte Ariadnebild (N. 1231) dagegen sehr hoch facettirt ist. Diese beiden sind, abgesehen von den Wirkungen der gewaltsam losgelösten Asche, vortrefflich erhalten, entsprechend ihrer Ausführung auf ganz frischem Bewurf. Die Medaillons sind theils auf den rothen und gelben Grund unmittelbar, theils auf den über ersteren gestrichenen Luftton gemalt (so Paris mit Eros N. 1275; Satyr mit Syrinx N. 423) oder eingeputzt, wie das Mädchen mit Diptychon und Stylus (N. 1423), und den Verfahrungsweisen entsprechend erhalten, das letztere und N. 422 vollkommen; von dem ersten links, das auf gelbem Grund direct gemalt war, ist der Kopf ganz abgeblättert.

9) Ich schliesse die Reihe dieser sicherlich hinreichend zahlreichen Beispiele mit dem reichverzierten ersten Raume links im Atrium der casa di Sirico. Der obere Theil des Frieses ist besonders angesetzt, und auch die unter demselben hinlaufende reiche Borte; ebenso der Sockel. Nur mit einem der drei Hauptbilder, Thetis bei Hephästos (N. 1316), wagte

der Maler die Ausführung auf die im Ganzen geglättete Wand; für die beiden andern, Poseidon und Apoll bei dem trojanischen Mauerbau (N. 1266) und Herakles bei Omphale (N. 1139), liess er frischen Stuck eintragen, und ihre Erhaltung übertrifft folgerichtig jene des ersteren; immer ist hierbei wohl zu unterscheiden, was nur durch Verschönerung bei dem Reinigen der Bilder zerstört ist. Die Musen, die rundum die gelben Felder schmücken, sind alle direct auf dieselben ohne Zwischenlage gemalt, und mehr oder weniger abgeblättert, ausgenommen die eine links vom Eingang, die ihre vollkommene Erhaltung dem von mir pag. 51 beschriebenen Verfahren verdankt; sie zeigt auch dieselbe Härte und denselben Glanz der Farbe wie die Figuren im Prothyron der casa dell' orso. Dieses Zimmer muss, nach dem absoluten Mangel von Spuren des Verderbs durch den Gebrauch zu schliessen, erst kurz vor der Verschüttung vollendet worden sein, und dafür spricht auch der Umstand, dass das Prothyron und das Atrium dieses Hauses bei der Katastrophe nur erst mit den unteren Bewurfslagen bedeckt waren.

Aus der Beschreibung dieser Gesammtausschmückungen wird, wie ich hoffe, mit überzeugender Klarheit hervorgehen, dass die so verschiedenartige Behandlung der Malereien in einem und demselben Raume nur die Folge der Grundbedingung in der Frescomalerei sein kann, nämlich der unumgänglichen Nothwendigkeit einer stets frischen Bewurfsoberfläche.

Es bleibt mir nun noch übrig zu untersuchen, in wie weit die durch die Prüfung der Nachrichten der alten Schriftsteller und durch die Beobachtungen an Ort und Stelle gewonnenen Resultate mit jenen der chemischen Analyse untersuchter Malereien und aufgefundener Farbstoffe übereinstimmen.

VIII.
Die chemischen Analysen antiker Wandmalereien und aufgefundener Farbstoffe und Ingredienzen.

Die Benutzung dieser theilweise von ausgezeichneten Chemikern unternommenen und veröffentlichten chemischen Analysen bedarf der grössten Vorsicht, da dieselben der Mehrzahl nach nicht an den alten Gemälden selbst, sondern an Fragmenten bemalter Bewurfstücke, die meistens der Ornamentik angehörten, gemacht wurden, und die unsichere Herkunft dieser Stücke durchaus nicht immer jeden Zweifel ausschloss, ob dieselben wirklich von Wänden herstammten, die noch keinerlei modernen Firniss oder Wachsüberzug bekommen hatten, durch deren Vorhandensein die Resultate solcher Untersuchungen natürlicherweise illusorisch werden mussten. Ausserdem weisen einige derselben eine solche Fülle von Stoffen jeder Art nach, dass man daraus beinahe schliessen könnte, die Bilder seien in allen denkbaren Malweisen zu gleicher Zeit angefertigt worden.

Der bekannte französische Chemiker Chaptal veröffentlichte im Jahre 1809 Analysen von sieben Farben, die in Töpfchen in einem Laden in Pompeji gefunden worden waren [154]). Er erkannte sie als grüne veroneser Erde, gelben Oker, braunrothen Oker, ein Weiss, das er für sehr fein pulverisirten Bimstein hielt, eine dunkelblaue Glasfritte, und eine etwas hellere, bei welchen beiden Kupferoxyd das färbende Princip war, und eine schöne Rosafarbe, in welcher als solches von Chaptal der Krapp betrachtet wurde. Mit Ausnahme dieser letzten sind also alle diese Farben wahre Frescofarben. Keine war mit irgend einem Bindemittel versetzt, sie waren nur geschlemmt worden [155]).

Der ausgezeichnete englische Chemiker Humphry Davy hat nicht nur an Farbenresten, die man in Töpfen in den Thermen des Titus fand, sondern auch an den Gemälden in der Pyramide des Cestius, an der aldobrandinischen Hochzeit und an pompejanischen Farben und Malereien gründliche chemische Untersuchungen vorgenommen; diese sind die einzigen, die an Ort und Stelle gemacht wurden und für deren

---

154) Vgl. Annales de Chimie. T. LXX. p. 22. Mars 1809.
155) STANISLAO D'ALOE, Ruines de Pompéi (V. Edit. Naples 1866) p. 50, gibt als Fundort dieser von Chaptal untersuchten Farben die zwei ersten Läden in casa di Pansa an, und aus dieser als durchaus unzuverlässig bekannten Quelle fliessen offenbar die gleichen Angaben bei OVERBECK, Pomp. 2. Ed. p. 300, und bei BRÉTON, Pompéi, 2. ed. p. 205. Da aber die casa di Pansa erst 1811 entdeckt und bis 1814 ausgegraben wurde (vgl. FIORELLI, P. a. H. 10. April 1814), so ist die Unrichtigkeit dieser Angabe evident. Auch MAZOIS erwähnt bei Beschreibung dieser Läden (vgl. R. d. Pomp. Vol. II. p. 84) keiner Farbenfunde. Dagegen wurde am 27. Oct. 1808 (vgl. FIORELLI, P. a. H.) in Gegenwart der damaligen Königin von Neapel in Strada consolare ein Laden ausgegraben, in welchem sich viele Farbentöpfchen (*molti albarelli sottilmente tirati con dentro dei colori*) fanden. Dies stimmt mit der Zeit von Chaptals Publicationen vollständig überein. Indessen ist aus den unklaren Berichten der P. a. H. der Laden nicht genau zu bestimmen; vermuthlich war er in dem Hause, welches die Ecke von Strada consolare und dem vicolo bildet, der nach casa di Modesto führt, gegenüber der casa di Sallustio.

Tüchtigkeit der Name Davy's bürgt. Er veröffentlichte die Resultate derselben im Jahre 1815 [186]) und aus ihnen geht hervor, dass die verwendeten reinen Farbstoffe folgende waren: für Weiss: weisse Kreide- und Thonarten; für Gelb: gelbe Okerarten, die durch verschiedene Grade des Glühens in rothe Oker von verschiedenen Nüancen und Tiefen verwandelt wurden; seltener findet man für Gelb und Roth das gelbe Bleioxyd (Massicot) und das rothe (Mennige) angewendet, ebenso den Zinnober; für Blau: blaue Glasfritten aus Natron und Kupferoxyd hergestellt, die durch mehr oder weniger Beimischung von Kalk oder andrem Weiss heller oder dunkler gebraucht wurden, und ausserdem ein transparenteres Blau mit Cobaltoxyden bereitet. Bei einer schönen Rosafarbe in einem Töpfchen aus den Titusthermen hielt er das färbende Princip für sowohl dem Krapp als der Cochenille unähnlich, jedoch dem ersteren mehr als der letzteren, und schrieb ihre auffallende Erhaltung einem grossen Antheil von Thon zu, welchen sie enthielt. Was PLINIUS XXXV, 44 f. über die Zubereitung des Purpurissums sagt, macht es höchst wahrscheinlich, dass jene Farbe das Purpurissum, die zugleich mit den Tüchern durch den Saft der Purpurschnecke gefärbte feine Kreide ist, vielleicht die zweite oder dritte Qualität derselben. Davy's Resultate stimmen also, abgesehen von der verschiedenen Beurtheilung dieser Farbe, ganz mit jenen von Chaptal überein, d. h. auch er fand, mit Ausnahme der Rosafarbe, nur Farbstoffe, die in Fresco angewendet werden. Auch Davy hat weder in den Gemälden noch in den Farbstoffen irgend ein Bindemittel, weder thierischen Leim noch Eistoffe, noch Wachs entdecken können, und die übereinstimmenden Resultate der Untersuchungen zweier wissenschaftlich so hoch stehender Männer darf als eine sichere Bürgschaft für deren Richtigkeit betrachtet werden.

Umständliche Analysen wurden 1826 von dem als gewandten Chemiker anerkannten Prof. Dr. Geiger in Heidelberg, mit erläuternden Bemerkungen von Prof. Roux, veröffentlicht [187]). Die Resultate derselben weichen aber, was die

---

[186] HUMPHRY DAVY, *some experiments and observations on the colours used in painting by the ancients; in: Philosophical transactions, of the royal Society* 1815. p. 97.

[187] Chemische Untersuchungen alt-ägyptischer und alt-römischer Farben, deren Unterlagen und Bindemittel von Professor Dr. Geiger, mit Zusätzen und Bemerkungen über die Malertechnik der Alten von Prof. Roux. Aus GEIGER'S Magazin für Pharmacie Bd. XIV besonders abgedruckt. Karlsruhe 1826.

Bindemittel anbetrifft, so stark als möglich von jenen Chaptal's und Davy's ab. Geiger wollte thierischen Leim als Bindemittel nicht nur in den feinen Stucküberzügen, sondern auch sogar noch in den tieferen Mörtellagen erkennen; auch fette, animalische Substanzen will er in denselben gefunden haben, die er für Milch hielt. Nun ist es wohl klar, dass die vortrefflichen pompejanischen Sand- und Marmor- oder Kalkspathmörtel keines Bindemittels bedurften, wie dies allenfalls bei Gyps- und und Kreidegründen nöthig ist, deren ich aber in Pompeji keine gefunden habe. Die nachgewiesenen organischen Bestandtheile können also nicht von einem Bindemittel herrühren, sondern müssen andere Ursachen haben und zufälliger Natur sein; vielleicht sind sie dem Gebrauch des Meeressandes zuzuschreiben, der viele solche Theile enthält. Auch fand Geiger dieses Bindemittel theilweise mit Wachs vermischt, theils die Fragmente selbst ganz mit Wachs überzogen. Roux sagt von denselben: »Alle diese Farben, ausgenommen das auf Zinnober aufgetragene Weiss, waren von Wachs so durchdrungen, dass man das Wachs dick aufliegend sogar mit dem Nagel poliren konnte; ja beim Erhitzen wurden die Oberflächen im Augenblick glänzend und waren sogar klebrig anzufühlen«[188]). Da nun Davy an den Originalwerken mit allen chemischen Hülfsmitteln kein Wachs entdecken konnte, auch Jeder, der die Wände in Pompeji selbst untersucht, wenn sie dem Schooss der Erde wieder entsteigen, diese Eigenschaften an ihnen nicht wird entdecken können, so kann es wohl keinem Zweifel unterliegen, dass jene Stücke von eingestürzten Wänden oder deren abgefallenem Bewurfe herrührten, der schon mit der Terpentin- und Wachslösung überzogen war, die man zur Erhaltung der Malereien nach gänzlicher Auftrocknung der Wände über dieselben legt[189]). Einen geringeren Antheil an Wachs weist Geiger in einem Stück mit Zinnober gefärbten Bewurfes aus der Villa Hadrians nach, und hier ist dies durch die Kausis sehr erklärlich (s. oben p. 26 f.).

---

[188] Knirim Harzmal. d. Alten p. 55 ff. begnügt sich nicht mit dem Wachs und den andern zahlreichen Stoffen der Geiger'schen Analysen, sondern geht weiter als Geiger selbst, sieht auch noch allenthalben eine Harzbeimischung und gründet darauf ein ganzes System einer angeblichen Harz-Wachsmalerei der Alten!!

[189] Ich habe Grund zu vermuthen, dass es sich ähnlich mit den Resultaten verhält, die ein Leipziger Chemiker vor einigen Jahren bei der Analyse pompejanischer Malereifragmente erhielt, die das Vorhandensein von Wasserglas in denselben nachwiesen. Es wurden nämlich in Pompeji eine Reihe von Versuchen gemacht, um Malereien mit Wasserglas zu überziehen, die alle missglückten, wie ich aus dem Munde der damit Betrauten weiss, so dass man die Stücke nicht mehr gebrauchen konnte und wegwerfen musste.

Im Gegensatz wiederum zu den Geiger'schen Analysen sagt Prof. John[190]) aus Berlin auf das Bestimmteste, dass es ihm unmöglich war, in pompejanischen Fragmenten **Wachs oder leimartige oder harzige Bindemittel zu entdecken**; dass er zwar **Spuren organischer Bestandtheile** gefunden habe, dieselben aber so **unbedeutend** gewesen seien, dass er sie für **zufällig** halten müsse.

Neue gründliche Analysen von farbigen Fragmenten aus Pompeji[191]), von solchen, die 1848 bei dem Baue im Palais-de-Justice in Paris[192]), und von jenen, die 1845 in den Trümmern einer gallo-römischen Villa bei Saint-Médard des Près in der Vendée gefunden wurden, hat in neuerer Zeit der französische Chemiker Chevreuil in Paris gemacht[193]). Die pompejanischen Fragmente waren einfache Stücke rothen, schwarzen und gelben Grundes und ein Stück weissen und rothen Grundes mit einigen Farbstreifen. In allen diesen Stücken fand er **Spuren organischer Materien**, sowohl in den **Farben** als wie in dem **Bewurfe**, und hielt sie in den letzteren für **zufällig**, in den ersteren aber für zu **bedeutend**, um ihnen mit Bestimmtheit denselben zufälligen Charakter zuschreiben zu können. Hier ist also eine gewisse Uebereinstimmung mit den Geiger'schen Resultaten, und es drängt sich auch hier wieder dieselbe Frage auf wie bei jenen: ob das Vorhandensein der organischen Stoffe nicht nur die **Folge zufälliger Eigenschaften** der verwendeten Materialien sei? Wozu hätten auch organische Bindemittel in den Kalkstucken dienen sollen, die sie nicht nöthig hatten, und wie kommt es, dass gerade in den einfachen Grundfarben, deren Auftrag *a fresco* kaum Jemand bezweifelt, sich Bindemittel organischer Natur finden sollten? Auch John fand solche Spuren, hielt sie aber für **zufällig**, während er an ägyptischen Malereien, die von geschützten Orten herrührten, thierischen Leim als Bindemittel erkannt hatte. Wenn nun auch die Chemie, aus den Resten zersetzter Stoffe auf deren Grundformen zurückzuschliessen und somit auch ein zersetztes organisches Bindemittel wieder zu erkennen vermag, so wäre es doch **unmöglich**, **dass ein solches in diesem Zustande noch seinen Zweck des Bindens zu erfüllen ver-**

---

190) J. F. John, Die Malerei der Alten nach Plinius, Vitruv etc. Berlin 1836.
191) Vgl. Hittorf, Architect. polychr. p. 512.
192) Vgl. Hittorf, a. a. O. p. 518.
193) Vgl. Benjam. Fillon, *Description de la villa et du tombeau d'une femme artiste Gallo-Romaine, découverts à S. Médard des Près*. Fontenay 1849.

möchte; und da eine solche Zersetzung, worüber ich mich schon pag. 92 ausgesprochen habe, an den feuchten Wänden Pompeji's nothwendig stattfinden musste, so hätten an den Chevreuil'schen Probestücken weder die Farben noch die Stucke den vollkommenen Zusammenhang zeigen können, den sie doch hatten. Wie durchaus unsicher übrigens diese Schlüsse sind, erhellt aus Chevreuil's Untersuchungen der farbigen Fragmente von den beiden andern oben genannten Orten, deren vollständige Gleichheit der äussern Erscheinung mit den pompejanischen er sowohl wie Fillon hervorheben, und in welchen Chevreuil alle dieselben Spuren organischer Stoffe fand, wie in den pompejanischen, nur in geringerer Quantität, so dass er sich bei ersteren auf das bestimmteste dahin ausspricht, dass jene Spuren zufälliger Natur sein müssten, und dass weder leim- noch käseartige, noch Eistoffe, auch weder Wachs, Harz, Gummi oder Fettstoffe als Bindemittel in denselben gedient haben könnten. Auch bestätigt er ausdrücklich die Abwesenheit der drei letzten in den pompejanischen Fragmenten. In der Analyse der Farbstoffe befindet er sich in vollkommener Uebereinstimmung mit jenen der andern Chemiker; er fand gleichfalls keinerlei vegetabilische oder animalische Farbstoffe vor [194].

Ich bedaure es lebhaft, dass die Veröffentlichung der Analysen noch nicht erfolgt ist, die gegenwärtig auf Betreiben des Herrn Directors Fiorelli in Neapel unternommen werden.

Die Untersuchungen, die ich neben meinen Beobachtungen an einer grossen Anzahl von Fragmenten, theils an den einfachen farbigen Gründen, theils an den auf ihnen stehenden Ornamenten gemacht habe, konnten natürlich vorzugsweise nur praktischer Natur sein. Vor allem habe ich es mir dabei zur Aufgabe gemacht, nur solche Stücke in Betracht zu ziehen, die alle Garantien boten, dass sie noch keinen modernen Wachsüberzug an sich trugen, indem sie von mir selbst dem weggefahrenen Schutte aus neu aufgedeckten

---

[194] Dem öfters angeführten Briefe des Cavaliere Gherardo Bevilacqua Aldobrandini, abgedruckt im Progresso delle scienze, 1834. T. VII p. 279—81, lege ich keinen grossen Werth bei, da die in demselben ausgesprochenen Ansichten ohne irgend welche wissenschaftliche Begründung gegeben sind. Sie gehen dahin, dass die pompejanischen Malereien nicht enkaustisch gemacht seien, dass sich in ihnen keine animalischen und vegetabilischen Farben, sondern nur einfache Erdfarben vorfänden, und dass diese nur mit Kalkwasser aufgetragen seien. Auch die irrige Ansicht, dass diese Malereien von den Alten mit einem Firniss überzogen worden wären, weist auf eine nur oberflächliche Untersuchung hin.

Häusern entnommen waren. Wenn diese von den Bimstein- und Aschenlagen befreit sind, so zeigen sich die Mauern von der Feuchtigkeit vollständig durchdrungen und es bedarf selbst in der warmen Jahreszeit mehrerer Wochen bis sie ganz ausgetrocknet sind. Alle Farben ohne Ausnahme, wenn man in diesem Zustande an ihnen reibt, lösen sich ab, davon habe ich mich selbst überzeugt. Trifft es sich daher unglücklicherweise, dass bald nach der Aufdeckung Regengüsse eintreten, ohne dass die Malereien geschützt worden sind, so wird ein grosser Theil derselben herabgewaschen, und daher kommt es, dass häufig Bilder bald nach ihrer Entdeckung auch schon unwiederbringlich verloren sind. Man würde jedoch irren, wenn man daraus schliessen wollte, dass diese Bilder *a tempera* oder mit Leimfarben gemacht gewesen seien. Wenn nämlich auch die Krystallhaut, die die Frescofarben gegen Abwaschen mit Wasser ohne Reiben schützt, schwer löslich ist, so muss man bedenken, dass eine achtzehnhundertjährige unausgesetzte Einwirkung der Nässe ein starkes Mittel ist, welches sicher den nicht immer vollkommenen Zusammenhang der einzelnen Krystallformen zu schwächen vermag; und wenn schon bei modernen Fresken, namentlich da, wo die Bindung der Farbe keine vollkommene, d. h. der Zusammenhang der Krystalle kein vollständiger ist, durch ein Waschen mit leichtem Reiben diese Haut verletzt wird, so ist es wohl nur allzu erklärlich, wenn sich dies nach einer so beispiellos gründlichen Einweichung bei jenen antiken Malereien in erhöhtem Grade zeigt. Doch bald tritt eine Aenderung ein. Wie es durch die stets zunehmende Festigkeit alten, geschützten Mauerwerkes erwiesen ist, dass in demselben der als Kalkhydrat befindliche Kalk durch ununterbrochene Anziehung von Kohlensäure aus der atmosphärischen Luft in einem steten Rückbildungsprocess zu kohlensaurem Kalk begriffen ist, so sehen wir diesen Process auch an den pompejanischen Malereien vor sich gehen. Wenn dieselben wieder der frischen Luft ausgesetzt sind, so tritt dieser Fall bei ihnen ein; durch neues Anziehen von Kohlensäure befestigt sich die krystallinische Oberfläche wieder und erhärtet vollkommen, wenn sie nicht schon vorher durch Abwaschen und Reiben zerstört worden ist. Die Farben gewinnen wieder ihre ganze Festigkeit und sind durch trockenes oder nasses Reiben nicht mehr und nicht weniger zu entfernen, als wie bei modernen Fresken. Ich habe diese Beobachtungen an Ort und Stelle und an Stücken, die ich selbst besitze, gemacht und kann für ihre Richtigkeit bürgen.

Es giebt aber auch Stellen, bei welchen dies nicht oder nur mangelhaft der Fall ist, und ich habe gefunden, dass es insbesondere in den oberen Theilen der Wände vorkommt, gegen welche sich die dichte, durchnässte Asche angedrängt hat, die in dicker Schicht über der Hauptrapillilage und in feiner zwischen derselben liegt. Sie enthält selbst sehr viele Kalktheile, wovon man sich durch die heftige Effervescenz und den feinen weisslichen Niederschlag, den ein Tropfen Schwefelsäure auf ihr hervorbringt, leicht überzeugen kann. Vermittelst dieser durch das Wasser aufgelösten Kalktheile hat sie sich dergestalt an viele Wände angeheftet, namentlich da, wo sie als dünner Brei zwischen den Rapilli hinabrann und sich in Form einer weitverbreiteten Flechte an die Wände und Malereien oft in tropfsteinartiger Härte ansetzte, dass sie nur mit grosser Mühe, oft gar nicht oder nur mit einem Theil der Farbe zugleich zu entfernen ist. Wo sie aber über der durchschnittlich 3,0—5,0 starken Hauptrapillischicht als eine ununterbrochene dichte, feine Masse liegt, und an Stellen, die dem durchrinnenden Wasser zugänglich waren, da hat sie sich häufig derart mit dem Kalküberzuge der Frescofarben verbunden, dass diese Haut, wenn man die Aschenstücke entfernt, an denselben fest haften bleibt, sich mit ihnen loslöst und zugleich die zunächst liegende mit ihr innig verbundene Farbenschicht mit sich zieht. Die auf der Wand zurückbleibenden unteren Farbenschichten sind hierdurch fast jedes Bindemittels beraubt und befestigen sich auch nach Auftrocknung der Wand meist nur wieder in sehr geringem Grade, so dass sie schon bei leichtem trockenem Reiben als Farbenpulver an dem Finger haften und durch Waschen oder Regen sich vollständig auflösen.

Ich besitze solche Aschenstücke mit der fest daran haftenden obern Farbenschicht aus neuen Ausgrabungen in Pompeji, auch Theile des abgefallenen Bewurfes, dem sie die Farben entrissen haben und betrachte sie als höchst wichtige und interessante Belege für alles, was ich über die Beschaffenheit der pompejanischen Bilder und über die Eigenschaften der Frescofarbe im allgemeinen gesagt habe, zugleich auch als ein Mittel zur Erklärung der Ursachen, die vielfach irrige Ansichten hervorgerufen und befestigt haben. Wer nämlich, ohne den eben angeführten Grund dieser Erscheinung zu kennen, ein solches Stück bemalten Bewurfes mit den so leicht abzuhebenden Farben in die Hand bekommt, oder eine solche Stelle in Pompeji findet, der wird sich nicht leicht von der Ansicht abbringen lassen, dass dies nicht die als unverwüstlich haltbar gedachten Frescofarben sein könnten, sondern unhaltbare Leimfarben sein müssten. Ich habe aber schon oben p. 33 gezeigt, dass unter der schützenden Haut von kohlensaurem Kalk der Zusammenhang der Farbenschichten nur ein sehr geringer ist, und geringer selbst als bei Temperafarben, welche stets gleichmässig von dem Bindemittel durchdrungen sind. Selbst bei den auf solchen Bewurfstücken zurückgebliebenen Farben brachte ein Tropfen Schwefelsäure noch Effervescenz hervor, auch zeigte sich ein weisser Gypsniederschlag an der Stelle, beides Erscheinungen, die an allen pompejanischen noch nicht überfirnissten Malereien eintreten, weil die Schwefelsäure sich mit dem Kalke der kohlensauren Kalkhaut zu schwefelsaurem Kalke, d. h. Gyps, vereinigt und hierdurch die Kohlensäure unter Effervescenz frei wird; doch finden beide Erscheinungen bei jenen entblössten Stücken natürlicher Weise nur in ganz geringem Grade statt.

Hat sich der krystallinische Ueberzug wieder ganz befestigt und ist er ganz getrocknet, so schillert er in dem Sonnenlichte in allen Regenbogenfarben, und zwar am schönsten auf den farbigen Gründen; bei jeder folgenden Farbenschichte aber vermindert sich der Glanz etwas, weil dieselben immer weniger gut von der Kalklösung durchdrungen sind, je dicker und je später sie übereinander gelegt wurden. Auf solchen Stücken, die ihren Ueberzug ganz erhalten haben, bringt auch ein Terpentin- oder Oelfirniss keine andere Veränderung als eine allgemeine Belebung und Verstärkung der Farben hervor; bei jenen andern aber dringt er tief in die Farbe ein, wird von ihr verschluckt und färbt sie so dunkel, wie dies bei Leimfarben stattfindet; um so mehr, als in diesen Malereien, als Fresken, kein Bleiweiss verwendet werden konnte, dessen vollständige Abwesenheit in denselben, durch die übereinstimmenden Resultate aller Analysen festgestellt, ihren Charakter als Fresken untrüglich kennzeichnet.

Ich verdanke es der Gefälligkeit des Herrn Directors Fiorelli, dass mir im Museo nazionale die Glasschränke geöffnet und die Gelegenheit gegeben wurde, die in ihnen aufbewahrten, in verschiedenen Localitäten in Pompeji aufgefundenen Farbstoffe und zum malerischen Handwerk gehörenden Ingredienzen genau betrachten und prüfen zu können.

Unter den Farben nahmen vorzüglich die verschiedenen Gattungen von Weiss meine ganze Aufmerksamkeit in Anspruch, weil es schon nach dem Aussehen vieler Malereien, insbesondere der Bilder, für mich keinem Zweifel unterlag, dass der Kalk als Mischweiss nur selten, dagegen ein Weiss von fetterer und weicherer Beschaffenheit vorzugsweise angewendet sei, welches sich zu einem pastosen Farbenauftrag weit mehr eignete, als der oft schleimige, unangenehm zu verarbeitende Kalk: und mein Wunsch, diese Farbe unter den erhaltenen nachweisen zu können, wurde aufs vollständigste erfüllt. Plinius nennt vier Arten von

Weiss, deren sich die alten Maler bedienten [195]): das Weiss von Melos (*melinum*), das Bleiweiss (*cerussa*), von welchen beiden Plinius [196]) sagt, dass sie zur Frescomalerei nicht taugten; die weisse Kreide von Eretria [197]) und das paraetonische Weiss oder Paraetonium [198]), von welchem er sagt, dass man es für einen mit Schlamm verdickten Meeresschaum halte und dass man deswegen auch kleine Muscheln in ihm finde; dass es sich auch auf der Insel Creta und in Cyrene erzeuge und in Rom mit gekochter und verdickter cimolischer Kreide verfälscht werde, dass es unter den weissen Farben das fetteste sei und wegen seiner Glätte (d. h. wegen des gänzlichen Mangels an Körnern) aufs allerfesteste an den Wänden hafte.

Dieses für Wandmalereien übliche Weiss hatte ich also zu suchen, und fand auch im zweiten Glasschrank rechts unter N. 198 und in dem Fensterschrank (sie befinden sich in dem Pretiosencabinet) unter N. 360 und 431 Stücke Weiss, in deren Brüchen man deutlich die zierlichen Abdrücke kleiner, ausgefallener Muscheln von der Grösse einer kleinen Erbse sieht. Diese Stücke sind offenbar noch in ihrem natürlichen Zustande, nicht befreit von erdigen Bestandtheilen, d. h. noch nicht geschlämmt, haben daher auch einen etwas gelblichen Ton, sind aber von der feinsten, weichsten Beschaffenheit, angenehm und fett anzufühlen. Es kann keinem Zweifel unterliegen, dass dies das Paraetonium, die Farbe ist, durch welche jener weiche, dicke Farbenauftrag ermöglicht wurde, in welchem man kein Sandkorn entdeckt und der sich wesentlich von dem

---

195) PLIN. XXXV, 37. Vergl. Note 121. Weil PLINIUS XXXV, 50 das Melinum unter den vier Farben anführt, mit welchen die alten griechischen Meister, wie Apelles, Aetion u. A., ihre unsterblichen Werke ausführten, so baut LETRONNE (Lettr. d. ant. p. 367) hierauf den kühnen Schluss, dass diese Meister nicht Fresco gemalt hätten. Er übersieht, dass, abgesehen davon, dass Plinius dies nur auf Tafelmalerei bezieht, die Alten den Kalk und seine Eigenschaften kannten, also kein anderes Weiss bedurft hätten, selbst wenn sie, was sehr unwahrscheinlich ist, auf das Melinum beschränkt gewesen sein sollten. Sicher kannten sie die Kreidearten von Creta und andern Orten.

196) Vgl. Note 119.
197) PLIN. XXXV, 38 u. 192.
198) PLIN. XXXV, 36: *Paraetonium nomen loci habet ex Aegypto. Spumam maris esse dicunt solidatam cum limo, et ideo conchae minutae inveniuntur in eo. Fit et in Creta insula atque Cyrenis. Adulteratur Romae creta Cimolia decocta conspissataque. Pretium optimo in pondo sex X. E candidis coloribus pinguissimum et tectori tenacissimum, propter levorem.*

magern Aussehen jener Farben unterscheidet, die mit Kalk gemischt sind.

Ich übergehe die andern zahlreichen Farben, die, ausser den oben erwähnten blauen Glasfritten und dem schönen Rosa, natürliche Oker und Metallfarben sind, deren wir uns auch heute grösstentheils noch bedienen, darunter allerdings einige von seltener Schönheit in Zubereitung und Intensität.

Dagegen muss ich die interessanten **Farbenfunde und Ingredienzen** noch erwähnen, die im Jahre 1851 bei Ausgrabung der Läden N. 47, 48 und 49 in **Strada di Stabiae** gemacht wurden [199]) und sich jetzt auch in den oben erwähnten Glasschränken befinden. Es sind: 1) eine Reibschale mit ihrem Pistill, 2) viele Stücke Bimstein, die oben halbrund gearbeitet sind, so dass sie sich beim Reiben der hohlen Hand anschmiegen, 3) grosse Stücke Asphalt, 4) ein Gemisch von Asphalt und Pech, 5) Pech in einem zerbrochenen Gefäss, 6) Stücke Harz, und 7) ein ungefähr faustgrosses Stück hellen gelben Okers, **in welchem sich Stücke des genannten Harzes befinden**, 8) hell- und dunkelgelber und violettrother Oker in verschiedenen Abstufungen, 9) Blau, 10) Rauchschwarz und 11) zwei Arten Weiss. Von diesem letzteren ist das Eine eine dichte, hellweisse Masse, wie die feinste Kreideart oder weisser Bolus (*bolus alba, Arnona*); ob es aber dieses oder eretrische Kreide, oder welch anderer Stoff sonst ist, wird nur eine Analyse genau zu bestimmen vermögen. Was aber für mich wichtig zu constatiren war, ist, **dass es eben so wenig** *bianco d'argento* (feinstes Bleiweiss) ist, **als jene vier faustgrosse, bienenkorbförmige, oben mit dem Stempel oder Siegel** »*Attioru(m)*« **versehene Stücke Weiss** *biacca* (gewöhnliches Bleiweiss) sind, für welche der **Cavaliere Bechi** beide fälschlicherweise erklärte [200]), ein Irrthum, der bis jetzt noch nicht widerlegt ist. An Minimalfragmenten, die man mir zur Untersuchung überliess, konnte ich die Probe leicht und sicher machen: schwefelwasserstoffsaures Ammoniak **färbte sie nicht im mindesten**, während sie schwarz hätten werden müssen, wenn nur eine Spur Blei darin gewesen wäre! [201])

---

199) Vgl. FIORELLI, P. a. II. 12, 13, 16, Agosto, 17 Settembre 1851.
200) Vgl. Bull. Archeol. Napol. Nuova serie I. anno primo. 1853. p. 141.
201) In meinem Vortrage im Instituto Archeologico am 6. März erwähnte ich diese von Bochi mit solcher Bestimmtheit gegebene Mittheilung, die ich damals noch keinen Grund hatte, für ganz aus der Luft gegriffen zu halten, obgleich ich mich schon überzeugt hatte, dass in den pompejanischen Malereien kein Bleiweiss verwendet sei. Daher meine Zweifel und meine späteren Untersuchungen in Neapol, die das mitgetheilte Resultat hatten!

Eben so unrichtig ist Bcchi's Ansicht, dass das Harz
Mastix (*gomma mastice*) sei; es ist keinem Harze so unähnlich
als diesem, das hell und in Tropfen gewonnen wird. Dieses aber
ist dunkel rothbraun, einige Stücke sind etwas heller; der Form
nach sind es theils kirschgrosse runde Stücke, theils solche
von der Länge eines Fingergliedes und etwas kleinere; in den
Brüchen ist es streifig und gleicht von allen Harzen, die ich im
Handel finden konnte, am meisten dem Bernsteinharze (*succino*);
doch ist sein Geruch viel penetranter und sein Geschmack bitter.
Die Beschreibung, die Plinius von dem Harze der spanischen
Kiefer (*pinus maritimus*) giebt [202]), passt vollkommen hierauf. Von
diesem Harze finden sich kleine Stücke in die gelbe Okermasse
hineingeknetet, noch nicht geschmolzen, denn sie
haben die ganze Schärfe der Brüche bewahrt, und ein Tropfen
Schwefelsäure, der die Harztheilchen sogleich in eine rothbraune
Flüssigkeit auflöste, liess die von den Harzstückchen entfernteren
Farbtheile gänzlich unverändert, während die dem Harze näheren
Theilchen auch etwas von Harz durchdrungen waren und sich
braun färbten. Es geht hieraus hervor, dass nur die Hitze der
Rapilli diese leichte Schmelzung und Einsaugung bewirkt hat,
und die staubige trockene Beschaffenheit der Farbtheile zeigt auch,
dass sie kein Wachs enthalten. Ueber das Gemisch von Pech und
einer asphaltartigen Masse gibt uns Plinius auch Aufschluss [203]),
indem er bei Beschreibung der Auspichung der Weinfässer und
Krüge erwähnt, dass man dieselben mit einem Gemisch von
Pech und sogenanntem schwarzem Mastix, der sich
nach Art des Asphaltes in Pontus erzeugt, also wohl nichts anderes als eine Gattung flüssigen Asphaltes ist, bestrich.

Betrachten wir nun alle die gefundenen Objecte im Zusammenhang, so kann es keinem Zweifel unterliegen, dass wir

---

202) PLIN. XIV, 127: *Pix in Italia ad rasa vino condendo maxime
probatur Bruttia. Fit e piceae resina, in Hispania autem e pinastris,
minime laudata. Est enim resina harum amara et arida et graci
odore.*

203) PLIN. XIV, 128: *Diligentiores admiscent nigram mastichen,
quae in Ponto bitumini similis gignitur, et iris radicem, oleumque. Nam
ceram accipientibus rasis compertum est vina acescere.*

Hier ist auch der Auspichung eine blosse Ausstreichung mit
Wachs entgegengesetzt, nicht aber, wie diese Stelle aufgefasst worden ist, eine Zusammenschmelzung des Wachses mit dem Pech (vgl.
Note 33). Dies findet sich bestätigt durch das, was COLUMELLA, *De
re rustica*, l. XII. c. 50, über die zunehmende Sitte sagt, die Oelgefässe,
anstatt sie innen mit Wachs zu bestreichen (*inceratura*), nur auszu-
pichen, oder, wenn das letztere geschehen ist, sie nur mit weissem
Wachs zu durchräuchern. Also nirgends Vermischungen des Wachses
mit dem Pech bei Holzanstrichen. — Vgl. auch PLIN. XXXV, 178.

in diesem Laden alles beisammen finden, was sich auf Conservirung und Bemalung, oder richtiger Anstreichung, des Holzes bezieht: die Reibschale zum Farbenreiben, die Bimsteine, um das Holz glatt zu schleifen, das Pech und das Gemisch, um Holz gegen Feuchtigkeiten zu schützen, das Harz, um es mit der Farbe zusammenzuschmelzen und dieselbe flüssig heiss, wie eine Art Lackirfarbe, zu Holzanstrichen zu verwenden. Es bedarf keines besondern Beweises, dass man mit einer so präparirten Farbe Bilder nicht malen konnte, und wir sehen auch in dieser mit Harz vermischten Farbe, dass die Alten das **Auflösen der Harze in ätherischen Oelen nicht kannten, so wenig wie das des Wachses, und immer zu der Schmelzung ihre Zuflucht nehmen mussten**. Wachs hat man in diesem Laden nicht gefunden, wie überhaupt nur sehr wenig in Pompeji[204]). Ob dieser Farbe noch etwas Wachs oder etwas Oel zugesetzt werden sollte, bleibt ungewiss, ist auch von keiner besondern Wichtigkeit. Auffallend müsste es aber immer bleiben, dass die Alten, die so viele Mischungen von Wachs und Oel, von Harzen und Oel, von Pech und Oel machten, deren Plinius erwähnt[205]), dabei weder auf die Oelmalerei noch auf die Firnissbereitung kamen, wenn dies nicht für sie durch die Vernachlässigung der Production trocknender und ätherischer Oele unmöglich geworden wäre.

Es ist höchst interessant mit diesen Funden jene in der schon erwähnten 1845 entdeckten Villa und dem Grabe einer gallorömischen Malerin bei Saint-Médard des Près[206]) in der Vendée zu vergleichen. In der einen Ecke des Grabes fand sich nämlich in einem 0,25 langen und 0,15 breiten eisernen Koffer: 1) ein Bronzekästchen mit Schiebdeckel, das in vier durch silberne, gitterartige Aufhebedeckel verschlossenen Abtheilungen kleine Farbenbrode von unregelmässiger Form enthielt[207]), wie man sie gerade von der Reibeplatte abgeschöpft

---

204) Vgl. Fiorelli, P. a. H., 10 Agosto 1755: *Los dos pedazos ... haviendolos observado despues en el moseo, se ha reconocido que son de cera*.
205) Vgl. p. XX; Note 58 u. 203.
206) Vgl. Note 193.
207) Die Farben, die sich in Pompeji vorfanden, sind alle entweder in Pulver oder in Rohform; das Rosa (*purpurissum*) meist in regelmässig geschnittenen viereckigen Stücken; ein etwas weniger brillantes Roth derselben Gattung wurde in einem Grabe zu Canosa in der Form kleiner Farbenkegel, genau so, wie man noch heute die Okerfarben bereitet, gefunden, und verdanke ich Hrn. H. Heydemann den Besitz eines solchen. Ein dunkles Blau aus Pompeji ist traubenförmig in Kugeln geformt, wie Vitruv, l. VII. c. XI, 1, die Verfertigung dieser blauen Fritte beschreibt.

hatte, als welche muthmasslich 2) eine Basalttafel, 0,14 lang und 0,09 breit, gedient hatte, die dabei lag; ferner 3) eine runde Büchse aus Bronze, in welcher sich zwei zierliche, fingerslange, kleine Löffelchen oder Schaufeln befanden, die wohl zum Wegschöpfen der geriebenen Farben von der Platte dienten, auch um das Bindemittel den Farben zuzusetzen; 4) zwei Pinselstiele aus Knochen, 0,12 lang; 5) ein muldenförmig ausgehöhlter Bergkrystall mit Goldpulver, das mit einer gummiartigen Substanz gemischt war und die heute gebräuchlichen Muscheln ersetzte; es fanden sich noch andere ähnliche vor; 6) ein kleines Näpfchen aus Bronze.

Betrachtet man die geringen Dimensionen dieses Kästchens, welches denen der Basalttafel ungefähr gleichkommt, die auch als eine Art Palette zum Aufsetzen der Farben gedient haben kann, so wird man sich sagen müssen, dass dies ganz unsern modernen Aquarellkasten entspricht; eine überraschende Aehnlichkeit aber hat der ganze Apparat mit einem chinesischen Farbenkasten, den ich besitze, in welchem sich auch neben den trockenen, einfach nur mit Wasser geriebenen Farben solche Basalt- und Porzellantafeln, ein Löffelchen und ein Schälchen nebst etwas Gummi zur Bereitung des Bindemittels befinden.

In der entgegengesetzten Ecke fanden sich die Trümmer eines grösseren Farbenkastens von Holz mit eisernen Eckbeschlägen und einer eleganten Bronzehandhabe, um ihn zu tragen; er enthielt die Trümmer von Glasnäpfchen, ohne Zweifel zur Aufnahme der angeriebenen, nassen Farben, die zu grösseren Tempera- oder Frescomalereien dienten[208]; einen solchen Farbenkasten mit kleinen Näpfchen sehen wir auf dem Bilde (N. 1443) einer vor einer Herme sitzenden Malerin, den ich in genauester Copie in Fig. 28 nebst der Palette gebe, die hier klein und oval, vielleicht etwas tellerartig vertieft ist, und wie sie auch der Maler, dem eine neben ihm sitzende Frau zusieht (N. 1443), auf dem sehr beschädigten Bilde im Museo in der Hand hält[209]. Ausserdem

---

208) Die Mönche vom Berge Athos benutzen noch heute bei ihren Frescomalereien nur solche Töpfchen und kennen unsere modernen Frescopaletten mit erhöhtem Rande nicht. Vgl. SCHÄFER, Handbuch d. M. v. Berge Athos, p. 50, Note 7.

209) LETRONNE, Lettr. d. ant. p. 411, erklärt diese offenbare Palette als «une plaque de bois ou d'ivoire, sur laquelle cette femme copie la figure de Bacchus, puisqu'il n'y a ni tableau ni chevalet devant elle».
Hier ist er auch durch schlechte Copien getäuscht worden, denn zu ihren Füssen steht das Bild, welches ein kleiner Knabe hält, wie auch in dem andern von mir erwähnten Bilde die Tafel dem Maler von einer jetzt ziemlich unkenntlichen Figur gehalten wird. Auch copirt die Malerin die Herme nicht; die auf dem Bilde dargestellte Figur hat

enthielt der Kasten ein Klappmesser mit Cedernholzstiel und zwei kleine Bernsteinkegel zum Farbenreiben. Neben demselben standen zwei Reibschalen in Alabaster mit Pistillen in der Form eines

Fig. 29.

Daumens, von welchen einer aus Bergkrystall; eine der Schalen hatte an dem Rande drei vorspringende Theile, um ihr vermittelst derselben über dem Rande eines Dreifusses einen Halt zu geben, und eine Ausgussöffnung; in derselben Form sind solche Schalen in Neapel für viele, selbst Küchenzwecke, immer noch gegenwärtig im Gebrauch. Unter vielen Gefässen, die rundum standen, enthielten einige Farben, in welchen Chevreuil grüne veroneser Erde, gelben Oker und blaue Glasfritten erkannte.

Interessanter ist es aber, dass sich auch ein Glasgefäss vorfand, das Stücke eines Harzes enthielt, in welchen Chevreuil die

---

ein rothes Gewand, die Herme ein gelbes, und erstere ist eine ganz bekleidete Figur. Die Tafel, die die Malerin malt, sollte ohne Zweifel in dem kleinen Heiligthume aufgehängt werden, wo sich schon andere Tafeln an den Wänden aufgehängt befinden. Paletten mit Löchern zum Durchstecken des Daumens habe ich auf keiner antiken Darstellung gefunden, und das Alterthum ist mit solchen nur durch die Erfindung Zahn's bereichert worden (vgl. Note 77). Auf dem Bilde des Pygmaienateliers (N. 1537) bedient sich der Maler für seine Temperafarben eines auf einem Schemel ruhenden Brettes, auf welchem seine Temperafarben aufgesetzt sind, wie es neapolitanische Maler noch heute machen. Ganz dasselbe finden wir wieder bei dem Maler, der auf einer Miniatüre in einem Manuscript der Werke des Dioscorides aus dem 4. Jahrh. in der Bibliothek zu Wien, die Wurzel Mandragore (Alraun) copirt und dabei noch eine kleine runde Platte, wie jene auf Fig. 28, in der linken Hand hält, ebenfalls ohne Loch.

Eigenschaften des Harzes von der Kiefer (*pinus maritimus*) zu erkennen glaubte; leider sind dem Berichte keine näheren Beschreibungen hinzugefügt, um genaue Vergleichungen mit dem in Pompeji gefundenen anstellen zu können; doch scheint ja aus oben gegebener Beschreibung hervorzugehen, dass auch jenes Kieferharz ist. Ausserdem fand sich in einer Phiole wirkliches Wachs, in einer kleineren, mit flachem Boden, ein Gemisch aus Wachs und Harz, und in einer andern ein Gemisch aus Rauchschwarz, Wachs und dabei Spuren von Fettsäuren, von welchen Chevreuil zweifelte, ob sie von einem Oel oder einer Oelseife herrührten. Nach dem bei der Kausis geschilderten Gebrauche, dem Wachs etwas Oel beizumischen, erscheint mir das erstere entschieden wahrscheinlicher. Nun hat aber Chevreuil, wie ich schon p. C erwähnt habe, ausdrücklich und mit Bestimmtheit nach den Resultaten seiner chemischen Analysen der in der Villa gefundenen Malereien versichert, dass in denselben, sowohl in Ornamenten, wie in Figuren, weder Gummi, noch Harz, noch Wachs oder ölartige, noch leim- oder käseartige Stoffe als Bindemittel vorhanden, sondern dass dieselben reine Kalkmalereien seien, und es ergiebt sich hieraus, dass jene Ingredienzen für die Wandmalereien nicht gebraucht worden waren. Doch fand Chevreuil unter jenen Fragmenten zwei Stücke, deren Oberfläche etwas glänzender war, als die der andern, und bei welchen, wenn man die obere Farbenschicht abkratzte, die untern Schichten sich trocken abreiben und mit Wasser abwaschen liessen. Man sieht, dass dies genau die Schilderung ist, die ich von der Beschaffenheit der Frescofarbe gegeben habe, über welche Chevreuil auch nicht hinreichend unterrichtet war; und allein auf diese beiden Umstände gestützt, von welchen der erstere nur die Folge einer stärkeren Haut von kohlensaurem Kalk ist, welche auch in Pompeji diese verschiedenartige Wirkung hervobringt, spricht Chevreuil die Vermuthung aus, dass diese beiden Stücke *a tempera* gemalt und gefirnisst sein könnten! Sonderbarerweise hat er gerade diese Stücke nicht analysirt und zu seiner Vermuthung keinen andern Grund als jene äussere Erscheinung und das Vorhandensein obenerwähnter Mischungen in den Gefässen; auch wird man zugeben müssen, dass Kieferharz mit Wachs vermischt ein sehr schlechtes Material zum Firnissen von Gemälden ist, und dass die Missstände des heissen Auftragens, auf welche ich schon aufmerksam gemacht habe, diesen Gedanken schon an und für sich als unzulässig erscheinen lassen.

Wir werden also wiederum darauf hingeführt, diesen Mischungen dieselben Zwecke zuschreiben zu müssen, wie jenen in Pompeji gefundenen, die sich gegenseitig ergänzen. Wir sehen hier die Mischung von Wachs, wenigem Oel und Farbe, wie sie Plinius bei der Schiffsmalerei und der Kausis beschreibt; wir finden dasselbe Harz, das wir in Pompeji schon mit der Farbe vermischt fanden, hier mit Wachs ohne Farbe vermischt, und es ist mehr als wahrscheinlich, dass auch jener Mischung in Pompeji noch etwas Wachs zugesetzt worden wäre, um deren Sprödigkeit zu mildern. Wir müssen also hierin nur die Mittel erkennen, glänzende Farbenanstriche oder einfachere Ornamente mit heiss aufgetragenen Farben auszuführen, wozu die Malerin gelegentlich neben der feineren Gummi- oder Aquarellmalerei auf Pergament und der Tempera- oder Frescomalerei Veranlassung finden mochte.

IX.
Die Resultate der bis hierher geführten Untersuchungen.

Fasse ich die im vorhergehenden Abschnitte gewonnenen Resultate aus den Analysen anerkannt tüchtiger Chemiker, aus der nothwendig kritischen Prüfung derselben, aus meinen eigenen Versuchen und Beobachtungen und aus den Aufschlüssen, die uns die vorerwähnten Funde geben, zusammen, so ergiebt sich hieraus Folgendes:

1) Alle an pompejanischen Malereien, Fragmenten und Farbstoffen gemachten Analysen stimmen, mit Ausnahme der Geiger'schen, — von welchen ich dargethan habe, dass einige derselben höchst wahrscheinlich an Stücken mit modernem Wachsfirniss angestellt wurden —, darin überein, dass sie kein Wachs nachzuweisen vermochten, ausgenommen in einem Zinnoberanstrich, bei welchem sich dessen Vorhandensein durch die Kausis erklärt, und dass also durch die Analysen unter den uns erhaltenen Gemälden kein Beispiel der von Plinius erwähnten ersten Art der eigentlichen enkaustischen Malerei nachgewiesen werden konnte. Dagegen geben uns die Funde von Utensilien, Ingredienzien und Farben Aufschluss über die von Plinius erwähnte dritte Art der enkaustischen Malerei und zeigen, dass in derselben Harze sowohl als Wachs verwendet wurden.

2) Aus allen Analysen ergiebt sich übereinstimmend, dass sich in den alten Malereien keine anderen Farben als solche verwendet finden, die wirkliche Frescofarben sind, also weder vegetabilische noch animalische, mit Ausnahme

jener Rosafarbe, des muthmasslichen Purpurissums, von welchem ich gezeigt habe, dass es *a tempera* aufgetragen wurde. Hierdurch ist auch der dritte Grund widerlegt, den Carcani geltend machte, um zu beweisen, dass jene Malereien keine Fresken seien.

3) Nur Geiger und Chevreuil haben in einigen Fragmenten Spuren organischer Bestandtheile entdeckt, die sie als von einem organischen Bindemittel herrührend betrachteten. Doch sind, wie ich gezeigt habe, diese Resultate zweifelhafter Natur; auch blieb die Art des Bindemittels unklar.

4) Dagegen haben die Analysen von Chaptal, Davy und John sowohl in Farbentöpfen wie an Malereien weder thierischen Leim noch Harze oder Gummiarten, noch käsige oder ölige Stoffe, noch Eitempera aufzufinden vermocht. Wir sehen also, dass, wenn auch in Pompeji antike Tempera-Wandmalereien gewesen sein sollten, deren Erhaltung ich an trockenen Orten für möglich, an nassen aber für nicht möglich halte, so haben doch solche bis jetzt noch in keiner Weise ermittelt werden können. Viele Umstände aber berechtigen uns zu der sichern Annahme, dass Temperamalerei bei den alten Wandmalereien als Aushülfe und als Retouche angewendet worden ist.

Zum Schlusse darf ich wohl sagen, dass die in diesen vier Punkten gewonnenen Resultate jene bestätigen, die sich uns aus der genauen Untersuchung der einzelnen Bilder und der ganzen in Pompeji noch erhaltenen Wände und Räume, sowie auch aus der Prüfung der Zeugnisse der alten Schriftsteller ergeben haben, und dass sie alle übereinstimmend die von mir in der Einleitung ausgesprochenen Ansichten bekräftigen.

X.

Die Unterschiede in der malerischen Behandlung der erhaltenen antiken Wandgemälde und in deren Conservirung.

Jene Bilder, die sich uns im Laufe dieser Untersuchungen als wahre Fresken durch untrügliche Merkmale gekennzeichnet haben, wie die Medea, der verwundete Adonis, Herakles und Telephos, die vier kleinen herculanischen Bilder u. a. m., können als Beispiele der verschiedenen Behandlungsweisen gelten, die sich uns in den antiken Fresken bemerkbar machen, und gestatten uns auf dieser Grundlage auch weitere Schlüsse auf die Frescotechnik bei solchen Bildern, innerhalb welcher wir weder eingedrückte Umrisse noch Ansatzfugen finden, oder bei welchen uns der Vortheil entgeht, sie noch in ihrer ursprünglichen Umgebung zu sehen und hieraus sichere Merkmale gewinnen zu können.

Die Art und Weise der Behandlung, wie sie uns in der Medea entgegentritt, ist der auch heute bei guten Meistern üblichen sehr ähnlich. Licht und Schatten sind einfach und breit aufgetragen, man bemerkt in beiden nur wenige einzelne dick aufgesetzte Pinselstriche; nur die höheren Lichter sind etwas stärker impastirt, die Schatten durch einzelne Schraffirungen mit dünner Farbe und spitzem Pinsel verstärkt. Im Ganzen ist zwar der Farbenauftrag noch etwas stärker als bei unserm modernen Fresco, doch ändert dies im Allgemeinen die Aehnlichkeit im Eindrucke wenig; auch geht in diesen, wie in jenen, ein gewisser kalter Ton durch, den ich kalkig nennen möchte, weil er vorzugsweise dem als Weiss benutzten Kalk zuzuschreiben ist. In höherem Grade als bei der Medea ist das in dem Iphigenienopfer (N. 1304) der Fall, weniger bei Orest und Pylades vor Thoas (N. 1333).

Sehr verschieden hiervon ist die Farbenerscheinung und Behandlung auf dem grossen Adonisbilde (N. 340). Man sieht, dass hier zuerst die Lichtparthieen, und ebenso die Schatten, mit einem einzigen Mittelton breit angelegt wurden und zwar mit einer Farbe von einem warmen Ton und einer weichen, dichten, sehr feinen Beschaffenheit. In den beleuchteten Theilen wurden alsdann die Lichter auf diese Unterlage mit vielen einzelnen Pinselstrichen dick und kräftig, in verschiedenen Lagen abgestuft, bis zu den höchsten Lichtern aufgesetzt, die Schatten dagegen durch dunklere Schraffirungen, manchmal mit breitem, vollem, manchmal mit spitzem Pinsel und nur ganz wässeriger Farbe verstärkt und die Schattenumrisse mit den sie umgebenden Gegenständen schraffirend verbunden, so dass nicht immer fest gezogene Linien die Grenzen bilden; diese sind oft mit erstaunlicher Weichheit behandelt, ohne dass die Bestimmtheit der Erscheinung für den Beschauer darunter leidet, wohl aber für Den, der einen solchen Umriss durchzeichnen wollte. Der Adoniskörper und die Seitengruppen zeigen diese Erscheinungen alle in sehr charakteristischer Weise; nirgends sehen wir harte Töne, alle sind wärmer und angenehmer als bei jener ersten Art, und dies verdanken sie dem gelblicheren Ton und der fetteren, dichteren Beschaffenheit des als Weiss angewendeten Paractoniums, welches ich weiter oben beschrieben habe. Dies ist ein bis jetzt ganz vernachlässigter Umstand, auf den ich nicht genug die Aufmerksamkeit der diese Bilder Betrachtenden lenken kann, weil hierin eine der Hauptursachen liegt, die der Mehrzahl der antiken Fresken ein von den unserigen oft so grundverschiedenes Aussehen geben. Oft, nicht immer, haben sich auch die Künstler da, wo sie mit dieser Farbe arbeiteten, sehr weicher Pinsel bedient, die kaum Spuren ihrer Haare zurückgelassen haben. Wenn dieses Weiss bei ganz frischem Grund sich eben so fest und dauerhaft mit demselben verbindet als jede andere Farbe, so ist doch da, wo die erste Frische des Grundes nicht mehr vorhanden ist, der reine Kalk als Mischweiss in Betreff des besseren Bindens der Farben vorzuziehen, und es scheint, dass man ihn in solchen Fällen auch vorzugsweise entweder rein oder mit dem Paraetonium vermischt anwendete. Namentlich in Ornamenten sind die zuletzt aufgesetzten weissen Striche meist mit reinem Kalk gemacht. Dass man ihn zu den weissen und grünlichen Unterstreichungen gebrauchte, die oft auffallend dick und nicht mit weichen Pinseln gestrichen sind, sondern mit solchen, die ihre Spuren deutlich hinterlassen haben, habe ich schon weiter oben gesagt. Ich habe Proben mit ähnlichen Gattungen feiner Kreide und Thonarten gemacht, mit welchen sich das Impastiren genau so ausführen liess, wie es die alten Malereien zeigen [210].

Diesen kräftigen, dicken, jedoch noch nicht übertriebenen Farbenauftrag bemerken wir auch an dem Cheiron mit Achill (N. 1291), dem Marsyas mit Olympos (N. 226), dem Theseus (N. 1214), dem Herakles mit Telephos (N. 1143) u. a. m. Bei dem letzteren Bilde ist es interessant zu sehen, wie verschieden der Ton des Herakleskopfes von dem der übrigen Theile des Bildes ist: er ist röthlicher, dem Eindruck der Frescofarbe ähnlicher, während die Umgebung gelber, wärmer im Ton ist und fast wie Oel- oder moderne enkaustische Malerei aussieht; dies rührt daher, dass diese Theile noch mit dem gelbmachenden Firniss bedeckt sind, während der Kopf von demselben befreit worden ist. Dass dieser Firniss die Farben so gar nicht dunkel gemacht hat, und dass sie jetzt noch ein Abwaschen mit einer Pottascheauflösung vertragen, das ist nur da möglich, wo der krystallinische Ueberzug ein kräftiger Schutz gegen

---

[210] Auch unter unsern Zeitgenossen sind Versuche gemacht worden, den Kalk durch andere Gattungen von Weiss zu ersetzen, wie dies Professor Gegenbauer bei den späteren seiner Frescomalereien in dem Schlosse zu Stuttgart mit vielem Erfolg gethan hat. Dem Kenner wird der Unterschied in diesen trefflichen Arbeiten nicht entgehen.

alle diese Attentate sein konnte, d. h. bei einer wirklichen, gut gebundenen Frescofarbe!

Die Schraffirungen, mit welchen jene Lichterhöhungen und Schattenverstärkungen ausgeführt sind, laufen meistens parallel, bequem von rechts nach links geführt, — wie wir dies auch als charakteristisches Merkmal an Raphael'schen Zeichnungen einer gewissen Periode finden, — und sind seltener so geführt, dass sie, wie bei modernen Kupferstichen und Zeichnungen, den Körperformen folgen; mehr in dieser letzteren Weise sind z. B. die Schraffirungen an dem Körper des Nilus auf dem Bilde im Museum behandelt, welches Io von Nilus der Isis zugeführt (N. 135) darstellt.

Oft ist die Impastirung [211]) der Lichter so stark ausgefallen, dass der Maler, namentlich bei kleineren Bildern, genöthigt war, mit einem Instrumente die zu starken Erhöhungen platt zu drücken, wie dies im Museum in auffallender Weise an den beiden schwebenden Bacchantengruppen aus casa del naviglio (N. 518 und 528) zu bemerken ist, auch in Pompeji in casa d'Adonide ferito, an der sogenannten Toilette des Hermaphroditen (N. 1369). Ueber solche Stellen ist dann zuweilen, wenn die Frescofarbe genügend angezogen hatte, wieder dünn lasirt. Die beiden genannten Gruppen sind, wie die meisten freistehenden Figuren und alle Ornamente, ja auch wie viele kleinere und grössere Bilder, direkt auf den darunter liegenden farbigen Grund gemalt. In diesem Umstande müssen wir überhaupt die Ursache suchen, warum die pompejanischen Maler ihre Farben so dick auftrugen; es war die unausweichliche Folge dieser Decorationsweise, denn ohne dicken Auftrag würden die starken Grundfarben immer durch die oberen durchgeschimmert und deren richtige Wirkung unmöglich gemacht haben. Wenn dies also in dieser Malerei eine conditio sine qua non war, so ist es leicht begreiflich, dass sich hierdurch nothwendiger Weise bei den Malern die Gewohnheit und Manier eines dicken Auftrages herausbilden musste, und dass sie sich desselben auch da oft bedienten, wo keine Veranlassung dazu vorlag, z. B. wenn sie auf weisse oder ausgesparte Gründe malten.

---

211) Dieser dicke Auftrag ist im Fresco durchaus keine Nothwendigkeit; auch ohne denselben wirkt die Farbe schon körperhaft. Unser genialer Zeitgenosse, Professor Moritz von Schwind, hat durch ein diesem geradezu entgegengesetztes Verfahren, durch einen fast nur lasirenden Auftrag der Farben, seinen Fresken auf der Wartburg und in der Loggia des neuen Opernhauses in Wien eine Zartheit und ein Leuchten der Farben zu geben gewusst, wie beides mit einem pastosen Malen nur schwer zu erreichen ist.

Die Beschaffenheit ihrer weissen Farbe trug hierzu wesentlich bei und erleichterte diese Technik. Da wo die grünlichen Unterstreichungen oder der Ton der Luft zu dick gestrichen waren, sehen wir auch oft, dass der Maler die Stelle, auf welche er die Köpfe aufzusetzen hatte, zuvor platt strich; dies ist z. B. in casa N. 7 des vicolo del balcone pensile bei dem Erotennest (N. 823) sehr sichtbar.

Die vier herculanischen Bilder (N. 1435, 1460, 1462, 1389^b) sind die schönsten Beispiele für eine Gattung kleiner, höchst anmuthig behandelter Frescogemälde. Der Stuck derselben ist aufs feinste geglättet, obgleich er in den untern Lagen auch ein grobkörniger Marmorstuck ist, der nur mit einer feineren Lage bedeckt wurde. Ich habe schon oben p. 68 gezeigt, aus welchen Gründen ich dieselben als unzweifelhafte Fresken erkenne, und ich füge hier noch hinzu, dass für die Schmückung der Braut (N. 1435) und für den Schauspielersieg (N. 1460) der weisse Grund bei dem farbigen Anstriche der Umgebung ausgespart wurde, und dass man bei ersterem Bilde in dem hellbraunen und bei letzterem in dem dunkelbraunen Streifen der Umbortung die eingedrückten Linien sieht, die als Grenze angegeben waren, bis zu welcher der umgebende schwarze Grund geführt werden sollte. Auch lassen sich fein eingedrückte Umrisse deutlich auf N. 1369^b an den beiden Beinen und der rechten Achsel des angeblichen Achills, sowie am linken äusseren Schenkelcontur des stehenden Jünglings bemerken; ebenso auch am linken Unterarm der Lyraspielerin und am Profil der links zunächst am Rande des Bildes stehenden Figur. Die scheinbar sehr dünne Behandlung ist im Gegentheil an sehr vielen Stellen eine sehr dicke; die Farben sind aufs feinste gerieben, aber breit und dick sind die höchst einfachen Localtöne mit weichem Pinsel aufgetragen und die zu starken Impastirungen platt gedrückt worden, nachdem der Grund die Farben genügend angezogen hatte: die noch mangelnden Details wurden alsdann mit leichten, lasirenden Schattirungen höchst geschmackvoll in die einfachen Localtöne hineingesetzt, einzelne Lichter dicker aufgehöht, die Schatten hier und da durch leichte, mit spitzem Pinsel und wässeriger Farbe gemachte Schraffirungen verstärkt und schliesslich da, wo grössere Bestimmtheit nöthig war, ein feiner Umriss mit röthlichbrauner Farbe hineingezeichnet. Dies ist aber alles mit solcher Grazie und so sicher und leicht gemacht, dass man ohne genaue Untersuchung der Technik diese Bilder für äusserst mühsam ausgeführte Werke halten muss, während sie doch nur die rasche Arbeit einer sichern Künstlerhand sind. Auch sie haben die Feuerprobe des alten Firnisses und der neuen Abwaschung desselben glücklich überstanden [212]). Wer vor diese Bilder freilich nur mit dem Begriffe unseres modernen Frescoverfahrens tritt, dem wird es schwer glaublich vorkommen, dass auch diese Bilder *a fresco* behandelt sein sollen: aber der alte Frescogrund, namentlich so sorgfältig zubereiteter wie dieser, hat ganz die Eigenschaften des feinen, besten englischen Aquarellpapieres, und es kann für so kleine Bilder kein schöneres Material geben, als eben dieser feinkörnige und doch glatte Grund.

Genau ebenso behandelt sehen wir im Museum das kleine Perseusbild (N. 1188), die beiden Halbfiguren musicirender Bacchantinnen, hinter Guirlanden von Weinblättern halb verborgen (N. 461); unter den kleinen Fragmenten den ziegenmelkenden Pan (N. 450) und zwei liegende Figürchen (N. 555); ähnlich auch, doch flüchtiger, die auf gespanntem Seile tanzenden Satyrn (N. 442) und die kleinen Tänzerinnen auf schwarzem Grunde aus der sogenannten Villa des Cicero (N. 484. 487. 1904 u. s w.), welche gerade nur auf das Leichteste skizzirt sind. Am Perseus, den Seiltänzern und den Tänzerinnen sind auch die fein eingedrückten Umrisse sehr deutlich sichtbar. In Pompeji ist unter andern ein sehr schönes Bild dieser Gattung in dem halb ausgegrabenen Hause auf der Nordseite des Vicolo dei serpenti, mit directem Eingange von strada stabiana, erhalten. Es stellt Artemis und Aktaion dar (N. 249). Die Wand ist, wie schon erwähnt, durch Ansätze in der Architektur als Frescowand unzweifelhaft charakterisirt.

Wenn wir im Gegensatz zu diesen feinen Malereien auch kleinere Bilder finden, in welchen uns eine grobe körnige Farbe und ein dicker, roher Farbenauftrag auffällt, so ist dies nicht die Folge einer andern Technik, sondern nur schlechter geriebener Farben und nachlässiger Ausführung. Der kleine Apoll (N. 183) im hintersten Raume rechts im Mittelperistyl der casa del citarista ist hiervon ein um so interessanteres Beispiel, als er ein später eingeputztes und von anderer, nachlässigerer Hand gemaltes Bild ist, als die beiden andern älteren und feiner behandelten in demselben Raume (N. 1378 u. 1388).

An einigen Bildern gestatten uns auch die Abblätterungen der Farben noch einen Einblick in andere Theile der malerischen Technik. So bemerken wir z. B., dass an dem Iphigenienopfer (N. 1304) die Luft mit einem hellröthlichen Tone dünn

---

[212] Man ist gegenwärtig im Museum beschäftigt, den alten Firniss bei Bildern, die nicht zu arg abgeblättert sind, sorgfältig abzuwaschen; indessen kommen dabei auch wieder manche kleine Verletzungen vor; man hatte eben nur die Wahl zwischen zwei Uebeln. Die Bilder werden alsdann nur mit einer Wachslösung überzogen.

118 Die Unterschiede in der Behandlung der Wandgemälde.

unterstrichen ist, der nach unten an Helligkeit zunimmt und ungefähr in der halben Höhe des Bildes aufhört, wo der bläuliche Luftton in einen gelblichen übergeht, der hinab bis zu dem graugelben Ton des Bodens reicht. Ueber diese Präparirung ist erst der bläuliche Ton der Luft gelegt, die hierdurch eine ungemeine Klarheit und Leuchtkraft gewinnt, ein Verfahren, dessen Vortheile auch moderne Künstler kennen und verwenden. Ferner sehen wir aus einigen Abblätterungen am Leibe der Iphigeneia, dass die eigentlichen Fleischtöne erst auf eine grünliche, mit Braun etwas schattirte Untermalung aufgetragen worden sind, eine Beobachtung, die ich in der gleichen Weise an der geflügelten kleinen Mädchenfigur (N. 927) auf rothem Grunde mit ovaler Einrahmung im Museum machen konnte, bevor sie durch die neue Anordnung ihren Platz in einer Höhe erhielt, die sie jeder nähern Betrachtung entzieht. Dieses System, die oberen reinen Farben durch eine angemessene Unterlage zu brechen, ist also ein bei den antiken Malern vollständig durchgebildetes gewesen, mehr als heut zu Tage, wo es zwar von Einzelnen mit grösstem Vortheile angewendet wird, aber doch nicht als System allgemein angenommen ist. In der griechisch-byzantinischen Kunst hatte sich dieses System aber erhalten, und wir finden es genau geschildert von dem Mönch Dionysius [213]) bei der Anweisung zur Behandlung der Fleischtheile. Er giebt als Unterlage für dieselben einen grünen Ton an, den er Proplasmus (προπλασμός) nennt, über welchen als tiefster Mittelton ein Gemisch aus dem eigentlichen Fleischtone und diesem Proplasmus, der Glycasmus (γλυκασμός), gelegt wird. Hierauf erst werden die reinen Fleischtöne aufgesetzt und bis zum höchsten Licht gesteigert. Ich habe viele altbyzantinische und altitalienische, unter diesem Einfluss gemalte Bilder gefunden, z. B. in Siena, welche diese grüne Unterlage unter den Fleischtheilen hatten [211]), und

---

213) Vgl. SCHÄFER, Hdbch. d. M. v. Berg Athos. §. 16. §. 21 u. 22.
Nicht so ausgebildet und unvollständiger schildert THEOPHILUS PRESBYTER, Cap. XV, ein ähnliches Verfahren. Er nennt den grünen Ton »posch, qui fiat ex ipsa ogra et viridi«. Auch CENNINO CENNINI hat dieses System noch beibehalten, schildert es Cap. LXVII als ein von den alten Meistern ererbtes und sagt: *Giotto, il gran maestro, tenea cosi. Lui ebbe per suo discepolo Taddeo Gaddi fiorentino anni ventiquattro; ed era suo figlioccio; Taddeo ebbe Agnolo suo figlio; Agnolo ebbe me dodici anni: onde mi mise in questo modo del colorire.* Bei Giotto war dieses System auch nur die Ueberlieferung einer alten Praxis.
214) RUMOHR, Ital. Forschungen, T. I p. 312, erkennt in dem »gelblich-grünen, verdunkelnden Ton (den er auf alten Tempera-

wir sehen hieraus, dass, wenn auch im byzantinischen Reiche die Kunstfertigkeit und das Kunstgefühl der antiken Meister verloren gegangen war, sich von ihrer Technik weit mehr erhalten hatte und bis in das Mittelalter nachwirkte, als man oft anzunehmen geneigt ist. Dieses System der grünlichen Untermalung erklärt uns auch, **warum** die pompejanischen Maler, wenn sie nicht direct auf den farbigen, ganz frischen Grund malen konnten, sondern erst eine Lage frischerer Kalkfarbe unterlegen mussten, hierzu **vorzugsweise einen grünlichen Ton wählten** oder diesen auf die weisse Kalklage aufstrichen; er war der vortheilhafteste, um Fleischtheile darauf rasch und leuchtend malen zu können, auch wenn die nothwendige Eile keine eigentliche Untermalung gestattete [215]).

Diese in der Frescotechnik nothwendige Eile, namentlich wenn, wie in Pompeji, das Malen in kleinen Stücken so viel wie möglich vermieden wird, muss uns auch die flüchtige Behandlung der meisten Malereien erklären, selbst da, wo wir an der künstlerischen Leistung sehen, dass Kräfte thätig waren, die auch wirklich vollständig durchgebildete Kunstwerke hervorzubringen im Stande gewesen sein würden, wenn sie sich die Zeit dazu hätten nehmen wollen oder nehmen können. Die Feststellung der Technikfrage ist somit auch unumgänglich nöthig, um ein gerechtes Urtheil über die Leistungen jener Künstler aussprechen zu können.

Ich hebe im Allgemeinen noch hervor, dass die Wirkungen in jenen Bildern meist durch die sparsamste Verwendung der Mittel hervorgebracht sind, derart z. B., dass die landschaftlichen Hintergründe der Mehrzahl nach nur in den allerhellsten

Tafeln bemerkte) eines der Merkmale, aus denen wir bei italienischen Malereien mit Sicherheit auf Schule oder Nachahmung neugriechischer Meister schliessen dürfen-, schreibt denselben den Wirkungen des byzantinisch-griechischen Temperabindemittels zu, dessen Natur ihm unbekannt ist, und meint, dass das hellere Aussehen der altitalienischen Bilder, bis auf Giunta und andere Nachahmer der Griechen, dem Gebrauch eines andern Bindemittels zuzuschreiben sei. Es ist sehr möglich, dass Cenuini, der eine entschiedene Vorliebe für die reine Eigelbtempera hat, auch diese von seinen genannten Vorfahren ererbte, und dass die ältern Italiener vorzugsweise die aus dem ganzen Ei mit Feigenmilch bereitete Tempera gebrauchten. Aber der Hauptgrund dieses grünlichen Tones liegt in den stark durchgewachsenen grünen Untermalungen, die der Beobachtung Ruhmors entgangen sind.

[215]) Auch Plinius erwähnt bei den Malern übliche Untermalungen, um schönere, ganze Farben hervorzubringen. Vgl. l. XXXIII, 89 f. 118 f. u. XXXV, 11 f. Ich habe mehrfach der rothen Unterlage für gelbe Gründe erwähnt.

Tönen gehalten und gewissermassen nur angedeutet sind, ja statt der Luft oft gerade nur der Stuck weiss gelassen ist. Auf solchen Hintergründen wirkten auch bescheidene Farben schon sehr kräftig, und das Vermeiden dunkler Schatten, die Zurgeltungbringung der reinen Localfarben, bringen jene Deutlichkeit und Helligkeit hervor, welche jene Darstellungen, selbst bei Arbeiten geringer Gattung, in so hohem Grade auszeichnen. Einem aufmerksamen Beobachter werden auch die Unterschiede nicht entgehen, die sich oft bei ausgedehnteren Ornamenten zwischen der **Hand des Meisters** und jener **ungeschickterer Gehülfen** bemerklich machen. Ich führe als ein Beispiel unter vielen die schöne Arabeske mit Thieren aus dem Isistempel, jetzt im Museum, an, wo das Stück, welches der Meister als Vorbild ausgeführt hatte, — es ist das zu unterst hängende — weitaus das vorzüglichste ist; auch hier sind eingedrückte Umrisse, namentlich bei den Thieren, sehr sichtbar. Die Ausführung *a fresco* verlangte viele Hände, um das Werk rasch genug erledigen zu können. In Pompeji wird man ein ähnliches Verhältniss in casa di Teseo in dem Raume links vom Atrium an den kleinen Architekturen auf weissem Grunde finden. Die erste auf der linken Seitenwand ist sehr sorgfältig behandelt, die andern nachlässig und ungeschickt.

Es wird der besten künstlerischen Copie kaum gelingen, die Grazie, die Gewandtheit der flüchtigen Pinselführung, den freien, ungebundenen Geist, der in diesen reizvollen Schöpfungen athmet, wiederzugeben, und selbst bei einer trefflichen Copie wird von deren Frische wenig mehr vorhanden sein, wenn dieselbe den ermattenden Weg durch die Vervielfältigungsprocesse durchgemacht hat und vor die Augen des Publikums gelangt. Ich erkenne daher bei solchen mühvollen und dankenswerthen Bestrebungen lieber das Gute an, als dass ich das Mangelhafte tadle. Die vier Hauptwerke dieser Art sind:

1. *Le pitture antiche d'Ercolano e contorni incise con qualche spiegazione.* I—V. *Napoli* 1757 — 79 fol.
2. Die schönsten Ornamente und merkwürdigsten Gemälde aus Pompeji, Herculanum und Stabiae, nebst einigen Grundrissen und Ansichten nach den an Ort und Stelle gemachten Originalzeichnungen von Wilhelm Zahn. I—III. Berlin 1828 — 52 fol.
3. Wandgemälde aus Pompeji und Herculanum, nach den Zeichnungen und Nachbildungen in Farben von W. Ternite. Mit einem erläuternden Text von K. O. Müller. Berlin, bei G. Reimer.
4. *Real Museo Borbonico.* I—XVI. *Napoli* 1824 — 57. 8.

Die künstlerischsten Reproductionen finden wir unbezweifelt in dem ersten der genannten Werke, in welchem indessen nicht alle Zeichnungen und Stiche von gleicher Güte sind; unter den ersteren zeichnen sich jene von Giovanni Morghen und unter den letzteren jene von Filippo Morghen vortheilhaft aus.

Das Zahn'sche Werk hat namentlich das Verdienst, durch schöne Farbendrucke den ornamentalen Theil der alten Malereien zu einer deutlichen Anschauung zu bringen, aber den figürlichen Darstellungen mangelt gerade jenes Leben, welches ihre Vorbilder so sehr auszeichnet. Wenn die Ternite'schen Umrisse dagegen geistreicher gezeichnet sind, als die Zahn'schen Durchzeichnungen, so ist doch die mühsam feine Ausführung der schattirten Blätter so absolut gegen den Geist der Originale, dass dieser Versuch nicht als glücklich bezeichnet werden kann. Die gestochenen Umrisse des Museo Borbonico erinnern, trotz der Sauberkeit ihrer Ausführung oder vielmehr wegen derselben, am wenigsten an die Originalwerke.

Ich habe schon auf die verschiedenen Grade der Erhaltung der pompejanischen Fresken je nach Maassgabe der grösseren oder geringeren Frische des Stuckes oder der grösseren oder geringeren Wirksamkeit der angewendeten Aushülfsmittel bei dem Malen derselben aufmerksam gemacht. Doch ist dies durchaus nicht allein bestimmend, sondern äussere Ursachen wirken noch ausserdem eben so viel dabei mit. Die verderblichste ist die in vielen Wänden sich entwickelnde Salpeterbildung, welcher auch der festeste Stuck nicht widersteht. Er wird mürbe, die Farbe wird zerfressen und förmlich von der Wand losgedrängt, fällt ab und der Stuck bröckelt langsam aus. Traurige Beispiele dieser Art sind die Wände in dem bedeckten Raume in casa di Meleagro, in welchem das Parisurtheil sich befindet, und das Triclinium in casa di Lucrezio. Wo solche Salpeterwirkungen eintreten, da zerstören sie natürlicherweise ohne Unterschied sowohl Bilder, die als frisch eingeputzte, oder als auf frischen Grund gemalte, Anspruch auf eine längere Dauer gehabt haben würden, wie auch solche, die bei schlechter bindendem Grunde einem frühern Verderb ausgesetzt gewesen wären: wir finden daher öfters jene ersteren zerstört, wenn ein glücklicher Zufall die Wände, auf welchem sich die letzteren befinden, vor Salpeterbildung bewahrt hat. Die Wirkung derselben hat sich sogar noch vielfach an Bildern geltend gemacht, die man schon in das Museum gebracht hatte und bei welchen der Stuck in bedeutender Dicke belassen worden war. Die gegenwärtige Administration beginnt daher die neuausgegrabenen Bilder auf Leinwand übertragen zu lassen, wie dies aufs schönste bei den neuen Chariten (N. 856) gelungen ist; wir dürfen hierin eine Thatsache begrüssen, die uns die Erhaltung mancher herrlichen Kunstwerke des Alterthums in höherem Grade sichern wird.

An vielen Wänden aber hat auch die gänzliche Schutzlosigkeit gegen den Regen und nach solchem rasch eintretende Fröste die Oberfläche der Stucke dermaassen weich und mürbe gemacht, sie so ihrer weichen Theile und mit diesen ihrer Farben beraubt, dass zuweilen kaum Spuren der letzteren auf ihnen zurückgeblieben sind. Auf das vollständigste ist dies auf der von mir Taf. A. Fig. 2 gegebenen Wand der Fall, die gerade ein unumstösslich sicheres Beispiel der stückweise, also am dauerhaftesten, angewendeten Frescotechnik ist. Wenn irgendwo, so waren hier alle Elemente zu einer langen Erhaltung gegeben. Auf dem Mittelbilde sind nur Spuren eines Kopfes und eines Gewandes geblieben und auf den Architekturen und farbigen Gründen nur noch die Haupttöne sichtbar. Die Wände des Tricliniums im Pantheon zeigen uns fast dieselbe Erscheinung. Die weicheren Theile des Stuckes sind auch hier vom Regen förmlich ausgewaschen und mit ihnen mussten auch alle die an ihnen haftenden Farbentheile weichen; sind einmal nur einige Theile der Krystallhaut zerstört, so dass der Regen leichter Zugang in die Poren findet, so geht die Zerstörung dann mit raschen Schritten vorwärts. Eines der Bilder in diesem Triclinium, jenes rechts, ist ganz abgewaschen, man sieht nur noch die eingedrückten Umrisse einer Figur. An jenem zur Linken sitzt noch unten ein Theil jener verkalkten Aschenkruste fest, die fast unlöslich ist und durch deren gewaltsame Entfernung viele Bilder von sonst trefflicher Erhaltung stellenweise ganz zerstört worden sind. Man würde die Aschenkruste an solchen Stellen besser ruhig lassen, weil bei ihrer Entfernung die Krystallhaut der Oberfläche verletzt und dem eindringenden Wasser für neue, weitere Zerstörungen Raum gegeben wird.

Die schon erwähnten Wirkungen des zwischen den Rapilli hinabgeflossenen Aschenbreies zeigen sich an vielen Wänden, z. B. in den gelben und rothen Feldern des obern Peristyles in casa del citarista, als ein über dieselben verbreitetes helleres Netzwerk, in welchem die helleren Fäden die Stelle der Asche bezeichnen, die die oberste Farbenkruste an sich gebunden und mitgerissen hat; diese sind auch bei dem Reiben, trocken oder nass, leicht löslich.

Ich habe auch schon auf die verderblichen Folgen aufmerksam gemacht, die bei Bildern, deren Krystallhaut sich noch nicht wieder gehörig befestigt hat, eintreten, wenn sie unglücklicherweise in heftige Regengüsse hineinkommen. Eine weitere Ursache aber, warum einzelne Wände rascher als andere ihre feste Oberfläche verlieren, ist, wie mir aufmerksame Untersuchungen der Stuck- und Mörtelzusammensetzung gezeigt haben, die, dass da, wo Meeressand verwendet ist, die Salpeterbildung, auch ohne äusserlich sehr auffallend zu sein, viel leichter vor sich geht und eine allgemeine Erweichung der Stuckoberfläche bewirkt; dies mag vorzugsweise da der Fall sein, wo man es versäumte, den Sand zuvor gehörig mit Flusswasser zu waschen. Auch Vitruv[216]) warnt schon vor den Folgen der Verwendung des Seesandes in den Tectorien.

Abgesehen von den beschriebenen örtlichen Einwirkungen sehen wir aber durchgängig, dass da, wo die Malereien auf den frischesten Stuck aufgetragen waren, wo die Bereitung desselben und der Mörtellagen die beste und angemessenste war, um ein möglichst grosses Quantum von Kalkhydratlösung auf die Oberfläche abgeben zu können, und diese sich in Folge davon mit der dicksten, festesten Schichte kohlensauren Kalkes bedeckte, nicht nur die Erhaltung der Stucke, und mit ihnen auch die der Bilder weit vorzüglicher ist, sondern, dass auch die Oberfläche der Farben dadurch so sehr an Härte und Glanz gewinnt, dass man ohne nähere Kenntniss des Sachverhaltes sich leicht der Täuschung hingeben kann, als wären diese Wände in einer ganz andern noch unentdeckten Technik gemalt. Als Beispiele erwähne ich nochmals der Wände und der daselbst auf frisch aufgetragenen Stuck gemalten Figuren im Peristyle der casa dei Dioscuri, dem Prothyron der casa dell' orso sowie der ersten Muse zur Linken in dem ersten Raume links im Atrium der casa di Sirico (siehe p. 81 f.).

Ich kann auch die Erscheinung nicht unerwähnt lassen, dass an Orten, an welchen die Gluth der Rapilli alle gelben Okerfarben und Töne roth gebrannt hat, wo die Hitze also so bedeutend war, dass jedes animalische oder vegetabilische Bindemittel zu Kohle gebrannt und der Zusammenhang der Farbentheile dadurch aufgehoben hätte werden müssen, die Farben genau eben so fest und haltbar sind, als an Orten, wo dies nicht der Fall war, und dies fügt einen neuen Beweis zu der Behauptung hinzu, dass diese Malereien nicht mit Leimfarben oder *a tempera* ausgeführt sein können.

Es würde mir die grösste Befriedigung gewährt haben, wenn

[216) VITRUV, l. II. c. IV, 2: *Marina* (harena) *autem hoc amplius quod etiam parietes, cum in is tectoria facta fuerint, remittentes salsuginem corium dissolvunt.*

es mir gelungen wäre, ein wirkliches Temperabild nachweissen zu können; aber dahin gehende Vermuthungen, die ich bei dem Beginne meiner Beschäftigung mit diesen Untersuchungen einem und dem andern jener Bilder gegenüber hatte, haben im Laufe derselben einer richtigeren Erkenntniss weichen müssen. Ich habe also, um den möglicher Weise in einem oder dem andern meiner Leser aufkeimenden Verdacht, dass mich eine gewisse Vorliebe für die Frescomalerei dieselbe an allzuvielen Kennzeichen und in allzu zahlreichen Beispielen habe erkennen lassen wollen, erfolgreich zu bekämpfen, kein anderes Mittel an der Hand, als die Versicherung, dass mich nur der Wunsch, den wahren Sachverhalt festzustellen, bei diesen Untersuchungen leitete. Jede Berichtigung derselben kann mir daher nur höchst willkommen sein.

Rom, 1. Juni 1868.

Otto Donner.

Nachträge.

1) Zu p. 26, Note 84: Das Haus in vicolo del panattiere, welches ich casa di Teseo nannte, ist inzwischen im *Giornale dei scavi di Pompei*, Vol. I, 1868, nach einigen *grafitti* im Prothyron desselben casa di Marco Gavio Rufo getauft worden.

2) Zu p. 39. Ueber die Form und Beschaffenheit des Schlagholzes, welches Vitruv *baculus* nennt (s. Note 107), waren die Ansichten seither sehr unklar und getheilt. Einige hielten es für ein hölzernes oder eisernes Lineal, Andere für einen schwanken Stock (WIEGMANN Mal. d. Alten p. 177), beides ganz unbrauchbare Instrumente. Ich glaube dieses Werkzeug in unveränderter Form auf Ischia aufgefunden zu haben, wo man sich desselben zum Schlagen und Verdichten der flachen

Bedachungen (*astrico*) bedient, die aus einer dicken Masse von Kalk und Bimstein bestehen. Figur 29 veranschaulicht die sehr zweckmässige Form desselben. Durch die schräge Stellung des Stieles zu der ungefähr einen Schuh langen und zwei Zoll breiten Schlagfläche ab entsteht der nöthige Raum, damit die Faust, die den Stiel hält, die Wandfläche nicht berühre: die Dicke macht es wuchtig. Nicht nur an Wänden können wir die Eindrücke desselben häufig bemerken, sondern auch bei Bildern; z. B. im Museum an dem Dionysosknaben auf dem Stierwagen (N. 379).

Fig. 29.

3) Zu p. 65 und 66. Die beiden eingesetzten Frescobilder: Stieropfer (N. 1411) und der sogenannte Achill und Patroklos (N. 1389), beide in demselben Zimmer eines Hauses auf der Ostseite des vico della fullonica (erste Thüre von der Ecke des vicolo di Mercurio nach der Stadtmauer zu), bieten einige interessante Einzelheiten. Sie waren beide kleiner als die im Tectorium für sie eingeschnittene Vertiefung, und es blieb daher rund um dieselben herum ein offener Raum von ungefähr 0,015 Breite, welcher ausgekittet und bemalt werden musste. An der untern Ecke rechts liegt das Bild N. 1411 bedeutend über (s. p. 66. Fig. 18), bei den drei andern Ecken aber eben so viel unter dem Niveau der Wandfläche (s. p. 66, Fig. 17). N. 1389 liegt theilweise im Niveau der Wand, grösstentheils aber tiefer; in der Mitte an dem oberen Rande, wie auch an der linken Seite des Bildes, ist in der Verkittung je ein Nagel sichtbar, der aber nicht in die Bildtafel hineingreift, also auch nicht zu deren Befestigung dienen konnte. Auch finden sich keine solche Eisen an dem andern Bild, waren also zu diesem Zwecke nicht nöthig, und scheinen eher zur Befestigung anderer Gegenstände auf der Wand gedient zu haben, wie eine schräg durch das Bild laufende Verscheuerung, wie von einem angebrachten Brette herrührend, vermuthen lässt, was an Wahrscheinlichkeit durch den Umstand gewinnt, dass an dieser Stelle ein Bett stand, wie die in der linken Seitenwand angebrachte Nische zeigt. Eine Losbröckelung der Verkittung an N. 1411 zeigt, dass die Stucktafel 0,03 dick ist.

4) Zu p. 108. Der allgemeinen Bezeichnung folgend habe ich die malende Figur auf dem Bilde (N. 1443) im Museum eine Malerin genannt. Ich habe das sehr zerstörte Bild aber genau betrachtet und gezeichnet und halte die Figur für eine männliche.

5) Ich habe unterlassen, da es ausserhalb der eigentlichen Grenzen dieser Arbeit liegt, die **vertieften, leer gefundenen viereckigen Räume auf den Seitenwänden des Tablinums der casa di M. Lucrezio**, sowie jenen kleineren viereckigen Raum mit oben abgestumpften Ecken in **casa di Marco Spurio** zu erwähnen, von welchen vielfach angenommen wurde, dass sie ursprünglich Temperabilder auf Holztafeln enthalten hätten. Ich habe alle drei genau untersucht, gemessen und gezeichnet. Was die beiden ersteren anbetrifft, so ist es für mich unbezweifelt, dass sie Holztafeln enthielten, die verkohlt sind, denn ich sah selbst noch Kohlenreste in dem rauhen Verputz der Mauer haften. Ob aber diese Reste von eingesetzten Temperabildern auf Holztafeln herrühren, scheint mir noch sehr zweifelhaft und zwar aus folgenden Gründen: Die Eindrücke, welche die Tafel auf dem weichen Mörtel hinterlassen hat, der an den Rändern der Vertiefung als Unterlage aufgetragen wurde, um die Tafel in das Niveau der Wand zu bringen, und welche somit die Dicke der Tafel darstellen, zeigen an dem Bilde zur Linken an einigen Stellen eine **Tiefe von 0,02**, an andern aber nur die **geringe Tafeldicke von 0,002 (!)**, Unregelmässigkeiten, welche man sich an einer Tafel für ein Bild von 1,27 Breite, die sorgfältig gefügt sein muss, um sich nicht zu werfen, zu keiner Zeit erlauben würde. Ferner waren die einzelnen Bretter, aus welchen die Tafel bestand, nicht nur auf die sehr plumpen, zu beiden Seiten über die Ränder der Tafel hervorragenden und in den Mauerverputz versenkten und an den Enden überputzten Querbinder aufgenagelt, sondern der zwischen beiden liegende Mauerverputz enthält viele dünne Nägel, welche offenbar durch die Bretter in denselben getrieben waren, um ihnen einen noch besseren Halt zu geben; **bei einem guten Bilde würde man doch dies nicht gethan haben!** Auch liegt der rauhe Mauerverputz an vielen Stellen, wo er nicht abgefallen ist, in **gleicher Höhe mit dem erwähnten Mörtelfalz**, auf welchem die Tafel auflag; es konnte also **kein Luftraum** mehr hinter derselben sein, und kein verständiger Architekt würde ein gutes Bild so in eine Mauer einsetzen. Lässt man ja doch selbst bei Vertäfelungen einen solchen Raum zwischen Holz und Mauer! Noch ist es bemerkenswerth, dass die beiden an der Wand zur Linken noch erhaltenen starken Eisen, die durch den gemalten Wandtheil nahe am Rand der Tafel in die Querbinder getrieben waren, in Bankeisenform hervorragten, wie wenn sie die Seitenwände oder die Flügel eines flachen Schrankes zu halten bestimmt gewesen wären (vgl. Plin. XXXV. 6). Leider sind alle diese Einzelheiten nicht mehr an Ort und Stelle zu beobachten, weil man im

Laufe dieses Sommers die Ränder dieser Vertiefungen mit einer breiten Cementlage bekleidet hat.

Der erwähnte vertiefte, leere Raum auf der Rückwand des kleinen Zimmers hinten im Atrium links (vgl. Helbig Bull. d. Jnst. arch. 1864. p. 119) bietet ähnliche schwer erklärliche Besonderheiten. Hier wechseln die Tiefen der Eindrücke, die in dem eingestrichenen weichen Mörtel durch den eingesetzten Gegenstand zurückgelassen wurden und also die Dicke desselben bezeichnen, von 0,003 — 0,015; der Rand desselben war an der linken Seite hohlkehlen- und oben rundstabartig geformt, an der rechten Seite dagegen rechtwinklig und unten schräge. Welcher Tischler würde wohl jemals eine Tafel für ein Bild so zugeschnitten haben? Auffallend ist dagegen die Ähnlichkeit in der Glätte und Unregelmässigkeit jener Ränder mit jenen in der kleinen Nische, die sich auf der rechten Langseite des Mittelperistyles der casa del citarista befindet, in welcher ein schwarzer Glasspiegel von unregelmässiger Form und Dicke eingesetzt war, dessen Splitter ich noch theils im Verputze haftend, theils am Boden der Nische liegen gesehen habe und deren einige noch vorhanden sind. Zwei Eisen, die sich oben und unten an der linken Seite jenes leeren Raumes in casa di M. Spurio befinden, scheinen, da sie allein zur Befestigung nicht genügt haben würden, muthmasslich eher als Angeln für einen beweglichen Flügel gedient zu haben. Es verdient hier wieder Beachtung, dass sich diese Stelle über dem für das Bett bestimmten Platz befindet, der durch die Erhöhung des Fussbodens gekennzeichnet ist. Hoffentlich geben uns spätere Funde noch deutlichere Aufschlüsse über diese noch nicht ganz klaren Einzelerscheinungen.

Einige Beispiele der Hauptgattungen der bei den antiken Fresken angewendeten verschiedenen Verfahrungsweisen.

Eingesetzt:	Eingeputzt:	Facettirt übergeputzt:	Auf weisser oder auf farbiger Wand weiss ausgespart:	Ueber farbigen Grund gemalt:	Ueber weissen oder farbigen Grund mit einer weissen oder farbigen Kalkzwischenlage:
No.	No.	No.	No.	No.	No.
1227	112	311 b.	114	119	333
1371 b.	131	319	121	239	343
1389	183	362	129	396	349
1411	208	377	156	442	378 (w)
1445	254	401	210	484	423
1446	379 (f)	419	212	487	542 (w)
	385	823	252	518	927
	407	1018	253	528	1163
	457	1020	255	561 b.	1225
	458	1113	325 (w)	856 b.	1252
	565	1132	344	927	1275
	775 (f)	1231	826 (w)	1030 b.	1352
	776 (f)	1243	893	1283 b.	1386 c.
	821	1255	957	1287	1413
	1139	1280	1092	1841	1427
	1140 (f)	1285	1143	1904	1440
	1218	1313	1161	1906	
	1240	1344	1214	1907	
	1266	1398	1284	1921	
	1281		1304	1923	
	1296		1316	1928	
	1318 b.		1336	1931	
	1323		1349	1937	
	1332		1378	1939	
	1333 (f)		1388		
	1337				
	1369 (f)				
	1372				
	1387				
	1389 b.				
	1390				
	1394				
	1423				
	1462				
	1754				

* Das (f) bedeutet zugleich etwas facettirt.

* Das (w) bedeutet auf weisser Wand.

* Das (w) bedeutet weisse Kalkzwischenlage.

Taf. A.

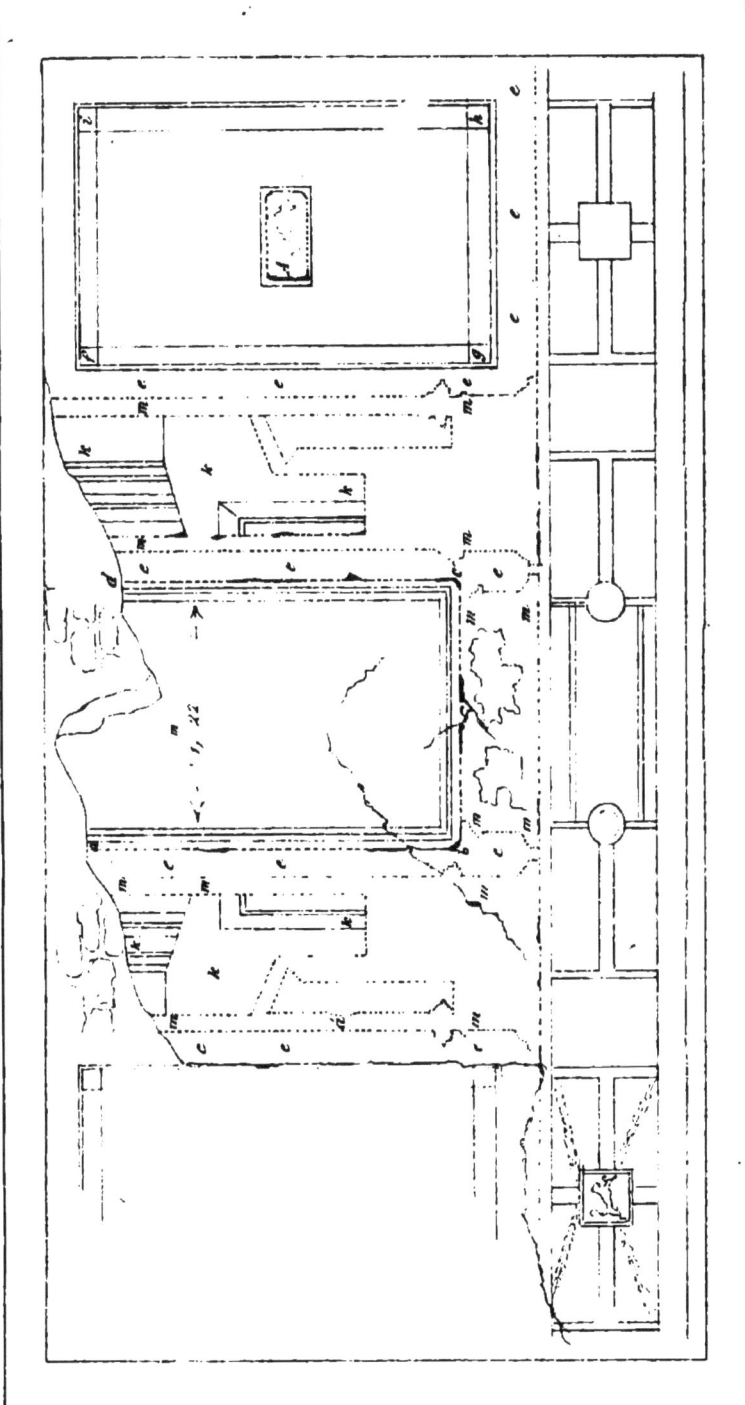